中国式现代化及中国式农业农村现代化研究

刘成海 ◎ 著

中国财经出版传媒集团

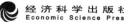

经济科学出版社

Economic Science Press

·北 京·

图书在版编目（CIP）数据

中国式现代化及中国式农业农村现代化研究／刘成海著. -- 北京：经济科学出版社，2024.12. -- ISBN 978 - 7 - 5218 - 6596 - 7

Ⅰ. D61；F320. 3

中国国家版本馆 CIP 数据核字第 202469N1M8 号

责任编辑：王红英
责任校对：齐　杰
责任印制：邱　天

中国式现代化及中国式农业农村现代化研究

ZHONGGUOSHI XIANDAIHUA JI ZHONGGUOSHI NONGYE
NONGCUN XIANDAIHUA YANJIU

刘成海　著

经济科学出版社出版、发行　新华书店经销
社址：北京市海淀区阜成路甲 28 号　邮编：100142
总编部电话：010 - 88191217　发行部电话：010 - 88191522
网址：www. esp. com. cn
电子邮箱：esp@ esp. com. cn
天猫网店：经济科学出版社旗舰店
网址：http：//jjkxcbs. tmall. com
固安华明印业有限公司印装
880 × 1230　32 开　6. 375 印张　200000 字
2024 年 12 月第 1 版　2024 年 12 月第 1 次印刷
ISBN 978 - 7 - 5218 - 6596 - 7　定价：35. 00 元
（图书出现印装问题，本社负责调换。电话：010 - 88191545）
（版权所有　侵权必究　打击盗版　举报热线：010 - 88191661
QQ：2242791300　营销中心电话：010 - 88191537
电子邮箱：dbts@esp. com. cn）

前　言

　　现代化是工业革命以来人类社会所发生的由不发达社会到发达社会的动态发展过程。现代化的模式在不同时期、不同国家或地区有着不同的版本：传统的英法现代化模式，与战争紧密联系的德国和日本现代化模式，依循霸权逻辑的美国现代化模式，资源优势型的中东海湾地区发展中国家的现代化模式，新型东亚发展中国家现代化模式，还有拉丁美洲、南亚、非洲发展中国家的现代化模式，苏联等东欧社会主义国家转轨型的现代化模式以及中国式现代化模式等。1954 年毛泽东在第一届全国人民代表大会第一次会议上致开幕词时宣布：要将我国"建设成为一个工业化的具有高度现代文化程度的伟大的国家"。周恩来在这次会上所作的《政府工作报告》中提出要建设"强大的现代化的工业、现代化的农业、现代化的交通运输业和现代化的国防"。这是新中国领导人第一次提出四个现代化的概念。邓小平在《实现四个现代化必须坚持四项基本原则》一文中指出"过去搞民主革命，要适合中国情况，走毛泽东同志开辟的农村包围城市的道路；现在搞建设，也要适合中国情况，走出一条中国式的现代化道路"。明确指出："中国式的现代化必须从中国的特点出发。"首次明确提出"中国式现代化"概念。以习近平同志为核心的领导集体在理论和实践上继续创新突破，推进和拓展了中国式现代化。习近平总书记在党的二十大报告中指出："从现在起，中国共产党的中心任务就是团结带领全国各族人民全面建成社会主义现代化强国、实现第二个百年奋斗目标，以中国式现代化全面推进中华民族伟大复兴。"

党的二十大报告指出："中国式现代化是人口规模巨大的现代化，是全体人民共同富裕的现代化，是物质文明和精神文明相协调的现代化，是人与自然和谐共生的现代化，是走和平发展道路的现代化。"中国式现代化首先是世界现代化的普遍性与中国式现代化自身发展特殊性的融合，契合了党的二十大报告强调指出的中国式现代化"既有各国现代化的共同特征，更有基于自己国情的中国特色"的辩证思维。中国式现代化的本质要求是：坚持中国共产党领导，坚持中国特色社会主义，实现高质量发展，发展全过程人民民主，丰富人民精神世界，实现全体人民共同富裕，促进人与自然和谐共生，推动构建人类命运共同体，创造人类文明新形态。中国式现代化实现了从道路、理论、制度、文化对西方现代化的突破。成功破解了"现代化＝西方化"的迷思；成功破解了政府和市场这个经济学世界性难题；成功破解了所谓"亨廷顿悖论"；成功破解了"国强必霸"的西方现代化侵略逻辑。中国式现代化以人民为中心，滋养于博大精深的优秀中华文明，源自于中国共产党的初心，致力于世界现代化担当。以"三大全球倡议"为导向，主动承担着中华民族复兴和促进人类共同进步的双重使命，为世界其他国家特别是广大发展中国家谋求现代化发展提供了一种全新的选择，丰富了世界现代化发展历史，创立了世界现代化新的发展模式和人类文明新形态。

中国式现代化是全面的现代化。在人类现代化进程中，农业农村现代化是一个普遍而又基础性的问题，如果一个国家无法解决农业农村现代化的问题，无论是发达国家还是发展中国家，其工业现代化进程等必然会受到很大的影响，农业农村现代化是中国式现代化的重要组成部分。当前我国正在加快推进农业农村现代化，取得了显著进展；但是面临着"农地空心化"和农村劳动力严重老龄化的现实困境。因此全面建设社会主义现代化最艰巨最繁重的任务依然在农业，最广泛最深厚的基础依然在农村。没有农业农村的现代化，就不会有真正全面的中国式现代化。农业农村现代化是涵盖农业现代化、农村现代化、农民现代化的有机统一。当前不平衡不充分的问题在农村最为突出，我国农业农村现代化已然成为中国式现代化最明显的短板。农业农村现代化最核心的问题是以农地产权制度为主要内容的农村土地制度改革。这是一个不断探索渐进的过程。毛泽东农村土地思想改革以农业社会主义改造为分界线分为两个阶段：第一个阶段以"平均分配土地、实行土地私有制"为逻辑主线；第二阶段以"推进农业社会主义改造、实行土地集体所有制"为逻辑主线。这从根本上解决了农业生产的激励机制与监督机制问题，极大地调动了广大农民的生产积极性，在很短的时间内，解决了广大农民吃饭的问题。邓小平"家庭联产承包责任制"农村土地思想及其改革，解决了农民温饱问题。以习近平同志为核心的党中央以农村土地的所有权、承包权、经营权三者之间的关系作为突破口提出"三权分置"的农村土地思想。实现了世界人口规模最大的全面脱贫。

在推进中国式农村现代化进程中，必须在坚持集体土地所有权根本方向，稳定农村土地承包权长久不变前提下，不断探索农村土地经营权灵活实现方式。在农地集体产权制度下，"三权分置"核心要义就是要放活农地经营权，要积极引导土地经营权流向种田能手和新型经营主体，进一步创新农地流转的社会合作机制。发展多种形式的农业适度规模经营推进农业现代化，是关系我国农业现代化发展的重大战略，其关键是构建现代农业经营体系，培育有"三农"情怀的新时代农业经营主体，壮大先行新型农业经营主体，实现农业产业化经营。充分发挥政府在农业农村现代化中的主导作用，加强"三农"政府服务。通过系统性推动资本下乡、科技下乡、人才下乡实现从"输血"到"造血"的实质性转变，最终实现农业农村现代化达到共同富裕的目标。

目　录

上篇　中国式现代化

上篇　中国式现代化

第一章

世界部分国家现代化演变逻辑

现代化的模式在不同时期、不同国家或地区有着不同的版本：传统的英法现代化模式，与战争紧密联系的德国和日本现代化模式，依循霸权逻辑的美国现代化模式，资源优势型的中东海湾地区发展中国家的现代化模式，新型东亚发展中国家现代化模式，还有拉丁美洲、南亚、非洲发展中国家的现代化模式，苏联和东欧社会主义国家转轨型的现代化模式，中国式现代化模式等。

一、英国现代化进程

英国作为现代化起源国，现代化最先发端于以农业专门化和商品化为特征的农业革命，借助市场导向的"圈地运动"推动了农村资本主义生产关系的成长，促使小农式农业向市场农业转变，通过对农业社会一系列渐进式变革，使传统体制基本具备了现代性，为资产阶级革命和工业革命奠定了良好的基础。正如马克思所说："资本的全部发展，按自然基础来说，实际上都是建立在农业劳动生产率的基础上的。"① 在此基础上率先开启并完成了资产阶级革

---

① 资本论（纪念版）（第三卷）[M]. 北京：人民出版社，2018：888.

命，为英国工业革命扫清了专制制度的障碍。现代化的实质是生产方式的现代化，蒸汽机的出现开启了人类用机器生产机器这种最基本的现代化生产方式。经济现代化是现代化的最重要特征，经济现代化的实质是工业化，英国作为工业革命的起源国，从18世纪下半叶到19世纪中叶，工业化先从传统棉织业开始，逐步渗透到其他轻工业，最后向重工业及机器制造工业发展。随着大工业机械化生产的进一步推进，工业经济逐步取代农业经济成为国民经济的支柱产业，英国率先进入了现代化工业革命的历史进程。政治现代化和经济现代化是相伴相生的，英国的政治现代化主要围绕选举权的不断扩大，通过三次著名的议会改革逐渐形成两党制度，最终确立了以资产阶级的议会民主制为标志的英国政治现代化。英国的社会现代化以城市化的形成为主要特征，1851年英国城市人口首次超过农村人口成为世界上第一个城市化国家。随着城市化进程的不断推进，逐步形成了较为稳定的现代化社会结构，即所谓的"两头小、中间大"的纺锤形社会结构，伴随着资产阶级革命和工业革命，英国开创了人类现代文明的新纪元。

英国现代化进程中并不存在欧洲许多国家所面临的民族解放斗争问题，因此在英国现代化治理体系中，比较重视立法先行通常以完备的法律法规体系作为现代化治理的基础，实现多元合作共治，在原发性、渐进式的英国现代化进程中体现了更强的国家主义。

二、法国现代化进程

法国作为首批内源型现代化国家之一，有其独特的现代化发展模式。18世纪20年代的启蒙运动全方位开启了法国认知领域现代化思维，对法国现代化进程产生了深远的认知影响。始于1789年的大革命从实践领域开启了法国现代化进程，推动了全部社会结构的重新组建。《八月法令》取消了地主对农民的超经济强制,实现了土地的自由,创设了经济现代化的启动前提。《人权宣言》宣示了全方位启动法国现代化的战略意图。1804 年《拿破仑法典》以法律形式进一步固定了法国大革命的成果,扫除了法国经济现代化的主要障碍(1804~1814 年拿破仑时期)。拿破仑的经济政策,鼓励引进英国机器大力发展工业,极力畅通商品交流,奖励发明创造实行发明专利制度,使法国的化学工业超过英国,跃居欧洲首位。第二、第三共和国时期(1848~1940 年),法国经历了多次政权更迭和社会动荡,政府积极干预经济,通过企业重组以及教育改革和社会改革等措施,现代化进程在不稳定中推进,渐次完成了以轻纺工业、冶铁业以及铁路建设为引擎的第一次工业革命;以冶金业和机器制造业为核心的第二次工业革命;以化学工业、电器业和汽车制造业为核心的第三次工业革命。第二次世界大战后,历届政府通过多个现代化计划,逐步形成一套较为完整的城市发展、农村改革、山区开发和保护及老工业区结构改造政策,不仅有效解决了国内区域经济发展失衡,还将现代化发展目标扩展到了教育、就业、环保等各个方面。此外,对外积极推动了欧洲联盟的形成与发展,继续推进现代化进程。

纵观法国现代化进程,法国政治现代化的主要特点表现在:法国是启蒙运动的中心,启蒙思想为对法国现代化进程的影响是广泛而深远的。法国政治现代化是通过大革命的形式夺取政权并以立法的形式巩固了革命的成果,通过各党派之间的斗争以宪法和法律的形式固定下来,形成了法国政治现代化模式。法国经济现代化也有其独特的特点:输出革命与反输出的战争,曾经迟滞甚至打断了法国经济现代化进程,但法国历届政府非常注重科技对经济的核心引领作用。此外在法国经济现代化治理中注重汲取部分经济社会主义现代化的因素,使国有经济在国民经济中居于重要地位,同时也赋予了通过结构调整和技术改造的中小企业相当地位。在市场机制发挥主导作用的基础上实行经济计划，国家对国民经济的运行实行积极的干预政策，这是法国经济现代化不同于英国经济现代化的鲜明特点。

三、美国现代化历程

早期的美国是一个由原始的氏族社会向资本主义生产关系发展并伴有前资本主义形态的跳跃。北美独立战争始于1775年，1776年《独立宣言》宣告了美国的诞生。1788年美国宪法生效，标志着美国成为一个独立的主权国家。"第一次大辩论"以汉密尔顿一方的胜利宣告结束，标志着美国开始走上了工业化道路。在1861～1865年南北战争中，代表工商业经济的北方获得了胜利，排除了资本主义快速发展的最大内部障碍，为美国现代化的顺利发展提供了最基本的政治前提，在促使国家统一的基础上加速了工业化与农业现代化的进程。伴随着内战结束后第二次产业革命的兴起，到19世纪末，美国一跃成为世界工业强国，基本实现工业化和农业现代化。到20世纪初，美国实现了工业化，成为世界第一工业大国。在美国现代化进程中，适时地通过"三次大辩论"调整现代化发展途径及发展方向，这种制度的自我调节为破解美国现代化发展面临的障碍做出了巨大贡献。西进运动是美国现代化历程中的重要事件之一，西进运动与美国工业化相伴而行，西进运动对美国的领土扩张、工业化、社会经济以及思想文化的发展产生了积极的重要影响，对美国现代化进程起了极大的促进作用。特别是西部三大开发性行业的发展，成为美国实现经济现代化的重要条件和巨大推动力。当然西进运动中对印第安人实行血腥的种族灭绝政策及掠夺政策也印证了"资本来到世间，从头到脚，每个毛孔都滴着血和肮脏的东西"。①

第二次产业革命开启了美国真正意义上的现代化进程。第二次世界大战不仅大大增强了美国的经济、军事实力，也使美国走上了世界政治战略的大舞台。第二次世界大战结束后的现代化进程中，美国的霸权主义越来越膨胀，伴随着苏联解体美国赢得冷战，成为世界唯一的超强大国，凭借其经济、政治、科技和军事上的绝对优势地位，掌控了世界现代化发展的主导权。突出表现为：（1）美国式现代化的战略定位及转变。"遏制战略"的提出，标志着美国战略质的转变，开创了美国现代战略的新局面。"新灵活反应战略"的提出，标志着美国全球战略跨越了单纯遏制的范畴，并开启了"超越遏制的新时代"战略。"参与和扩展战略"的提出，标志着美国全球战略基本完成了从"冷战型"向"冷战后型"的转变，并在此基础上提出了"塑造—反应—准备"三位一体的全球战略构想，意味着美国全球战略转型的完成。第二次世界大战后，美国一系列全球战略围绕称霸世界的战略目标，保证内在的连续性，具有鲜明的美式现代化时代特点。（2）美国优先的秩序规则。一方面，在经济上选择性交替使用全球化市场规则和逆全球化贸易保护主义政策，维护美国经济利益核心。另一方面，在科技领域，现代高效动态的美国科技创新体系，极大地促进了美国经济的持续增长。同时，美国动辄以国家安全为借口利用多边联盟和多边机制对其竞争对手进行科技封锁、打压等手段，以维持美国科技领域的世界霸主地位。（3）美元主导的世界金融体系。1944年布雷顿森林体系确立了美元"世界货币"的地位，美元成为各国的主要储备货币以及国际清算的重要支付手段，从此开启了收割世界财富的现代化新途径。1971年美元和黄金脱钩后，通过石油体系挽救了美元"世界

---

① 马克思恩格斯全集（第44卷）[M]. 北京：人民出版社，1979：871.

货币"的命运，继续维系美元在世界金融体系中的霸权地位，并借助美元霸权地位肆意胁迫其他国家做出符合美国利益的选择，以攫取世界各国财富。(4)资本集团经济军事化刺激。美国现代化进程中，在本土进行的战争只有三次，前后累计不超过 13 年，而且美国本土发生的三次战争虽然在当时造成了破坏，但是它的总的结果和影响却是积极的。自南北战争结束以来，长达一个半世纪之久在美国大陆本土没有发生过大规模战争，这是世界上任何一个大国现代化进程中所没有的。对外军事化刺激，其基本的思维定式就是分而治之，在混乱世界秩序中求得美国的现代化发展。通过直接军事干预或代理人战争，获得倾售武器替代更新的高额利润，或通过资源掠夺周期性地刺激资本集团经济的现代化增长。正如马克思所言："实际上把资本家阶级的利益和发财致富宣布为国家的最终目的。"①

四、德国现代化进程

从世界现代化历史进程来看，德国的现代化起步要晚于英、法、美。德国现代化有其鲜明的历史逻辑，以 1807 年施泰因改革为契机，开启了德国现代化进程。伴随着改革的全面实施，工商业的兴起促进了农业经济的发展，手工业的快速发展带动了纺织业、重工业的发展。与此同时，拿破仑在莱茵兰地区推行的资本主义改造也成为德国工业现代化的重要外在因素之一，从这一点来看，德国的现代化具有典型的外源性特征。因此，也有学者认为德国的现代化产生于拿破仑战争的直接冲击。与经济现代化的进程相比，滞后的政治民主化成为阻碍德国全面现代化进程的重要因素。在此背

---

① 资本论（纪念版）（第三卷）[M].北京：人民出版社，2018：887.

景下，奥托·冯·俾斯麦领导普鲁士进行的所谓"白色革命"通过三次王朝战争于1871年建立了统一的德意志帝国，推行一系列全国性经济、社会和文化政策，开启了整个德意志帝国的现代化进程，完成了第一、二次工业革命和经济的迅猛起飞。伴随着工业革命的完成，德国建立起完整的工业体系成为推动现代化的重要动力，实现了从农业国向工业国的现代化转型，一跃成为世界上主要的经济大国，同时也积累了其殖民野心的经济基础。1882年，德意志帝国、奥匈帝国、意大利三国签署了《同盟条约》，以德国为核心的三国同盟正式建立。1885年柏林会议的召开标志着德国开始参与在全球范围内瓜分殖民地的角逐，直到1914～1918年的第一次世界大战以同盟国集团失败而告终。之后，短期的魏玛德国被希特勒和纳粹党颠覆后，单方面撕毁《凡尔赛和约》，开始了大规模对外侵略，成为第二次世界大战的战争策源地之一，给纳粹德国和人类社会现代化发展带来深重灾难。第二次世界大战结束，东西德分治，直到1990年联邦德国与民主德国统一，完成了政治民主化，为其现代化进程提供了一个有利的政治环境。德国采取了兼容并蓄的现代化发展模式，政治上没有完全拷贝英美"议会民主制"，创新性地采取了兼顾权威与民主的"混合代表制"；经济上采取了兼顾市场经济效益和社会公正的"社会市场经济"模式，推行以高技术和高附加值产业为主的发展战略，让德国再次成为欧洲经济的领导者之一。之后的德国权力主要在社民党和保守党派之间平稳转移。哈德·施罗德政府，安格拉·默克尔政府在其长达16年的执政期间，以其政治智慧带领国家度过一个又一个危机，让德国重新站在了欧洲之巅。奥拉夫·朔尔茨政府面临高昂的能源成本、出口停滞不前、国家竞争力下滑……这些根本性的经济难题不断积压。由此可见，政治稳定一直是德国的标志性特征，德国自上而下的渐进式现代化转型与其政治摇摆以及决策自主有着直接的关系。

五、日本现代化进程

日本在国内各种政治经济利益集团的博弈以及"西方冲击"下，于1868年以明治天皇为首的新政府拉开了明治维新的序幕，开启了"脱亚入欧"式的日本国家现代化进程。通过全面引进、模仿、学习西方殖民现代化逻辑并开启了大规模的政治、经济、文化和军事变革，"从国家治理主体及权力重组、中央财政体系建构、国家主流意识形态建构、国家治理的经济基础、产业发展与技术进步、军事力量建设及权力工具配置等方面推动日本国家治理机制的现代化进程"。[①] 日本作为东亚地区最早开启现代化进程的国家，从明治维新开始仅仅用了27年的时间。通过甲午战争的胜利奠定了日本在东亚地区的霸权地位，由改革促进型转变为战争推进型的现代化模式，开启了侵略中国及东南亚地区等军事战争的现代化之路。第二次世界大战后，日本实施了一系列改革，使日本获得了二十多年的经济高速增长时期。广场协议后，日本进入了被称为"失去的二十年"经济低迷时期。经济上的新自由主义转型以及"安倍经济学"的经济政策，难以带来所设想的经济复苏预期，也没有使日本内部经济结构的脆弱性得到根本性改变。政治上开启了以日美同盟体制为核心的、缺失国家主权的、从属美式的现代化转型。军事上强调日美军事同盟核心地位，解禁集体自卫权、修改宪法，甚至谋求亚洲版北约，继续推行以战争促发展的军国主义现代化。当前军事战略上的外向性又显肆意延伸的倾向，越来越多地介入周边地区争端，这不得不引起周边国家的警觉及反应。

---

① 保建云. 论明治维新对日本国家治理现代化的影响及启示 [J]. 教学与研究，2016（3）：61.

六、苏联—俄罗斯现代化转轨

19世纪40年代马克思、恩格斯创立了科学社会主义，列宁最早探索了社会主义现代化实践，十月革命带来了国家现代化模式的现实转型。

现代化转型第一阶段——十月革命到1929年底。十月革命胜利后，列宁面对的是一个资本主义远远落后于前期欧洲现代化国家并且仍然具有浓厚的封建地主占有为基础的政治与经济体制。苏维埃政权虽然采取了一系列的经济改造政策但效果甚微。随后由于外国武装干涉以及国内战争被迫转入军事共产主义时期，列宁明确提出"计划经济"并力图通过直接过渡的办法实现现代化转型。国内战争结束后，国家经济几乎到了崩溃的边缘，这时列宁提出了由军事共产主义向新经济政策的过渡，即新经济政策和合作社的思想，允许商品货币和市场交换的存在，开启了国家现代化转型的第一阶段。

现代化转型第二阶段——"斯大林模式"阶段。1929年斯大林全面停止了新经济政策，开启了所谓"斯大林模式"现代化转型。其转型途径及特点突出表现在：（1）政治领域采用高度集权的政治体制。（2）经济领域实行单一的全民所有制形式，以动员型指令性经济为苏联现代化的基础，管理体制上实行高度集中的行政化管理体制，经济任务严格服从于政治目的。（3）工业化领域，片面发展重工业及军事工业，集中一切力量通过高积累手段以保证工业化发展所需。（4）农业化领域，通过近乎暴力手段加速农业集中化，强制个体小农经济纳入社会主义大农业体系，建立了高度集中的农业管理体制。斯大林时期，使苏联摆脱了众多不利因素的制约，建立了较为齐全的工业体系，初步实现了以工业化为核心的经济现代化，成为当时条件下欧洲第一、世界第二的工业强国。军事工业化的快速推进为巩固国防事业取得了明显的进展，科技、教育的发展也带动了城市现代化的进一步发展。但是，这种带有"后发先进"特点的斯大林模式，明显是一种畸形的现代化发展模式，为后期苏联社会主义现代化的进一步发展埋下了隐患。

赫鲁晓夫时期，针对斯大林时期高度集权的政治体制进行了一系列的改革，在推行政治体制现代化发展方面有所进步，但这些改革措施在其执政后期又出现的明显的回归。经济方面针对工业管理中过度集中的弊端，主要以调整中央与地方关系为主要内容的工业管理体制改革。赫鲁晓夫执政时期虽然在政治和经济领域的改革措施取得了一些成绩，但实质上仍然没有突破斯大林模式，并没有使苏联现代化迈上新的台阶。

勃列日涅夫时期，在政治体制方面很快取消了之前赫鲁晓夫时期曾进行的一些改革，重新回归到斯大林时期建立的高度集权体制。经济方面，坚持全民所有制为最高形式，批判"市场社会主义"，竭力主张以行政方法为主的管理体制。由于勃列日涅夫时期政治体制改革的倒退和经济改革的停滞，使苏联现代化走近衰亡的时期。

戈尔巴乔夫时期，试图顺应现代化发展趋势的要求，尝试把发展市场经济确定为经济体制改革的总方向，同时谋求以全面充实人权为主要方向的政治体制改革；但改革最终以苏联社会主义现代化模式的终结而结束。

现代化转型第三阶段——苏联社会主义现代化模式终结至今。叶利钦时期选择了全盘西化模式，在美国的"帮助下"叶利钦欣然接受了"休克疗法"。"休克疗法"之所以在波兰取得了成功，是因为美欧要把波兰变成北约在欧洲政治地缘扩张的桥头堡，因而获得了债务减免等不遗余力的经济援助。对于俄罗斯而言，美欧需要的是一个不断衰落的俄罗斯而非强大帝国的重新崛起。现代化进程中的经济改革从来就不是一个单纯的经济问题，更是一个深刻的政治问题。"休克疗法"是否就是充满阴谋的诱惑值得俄罗斯认真反思。

普京时期。普京执政初期，在稳定了国内局势后着手从金融腐败寡头开始了一系列大刀阔斧的改革，在较短时期使濒临崩溃的俄罗斯经济有所复苏。执政后期，"普京计划"明确了俄罗斯经济从能源依赖型向创新发展型转变的发展方向，并提出以振兴五大高科技领域为核心的经济现代化方案，推动以"创新"为核心的经济发展模式。通过加强对国有资产的管理、对国有大型企业的重组以及私有化政策的调整等，逐步建立国有经济与私有经济并存、市场与国家两手调控的混合市场经济。所有这些改革措施使得俄罗斯经济发展方式现代化和经济发展制度现代化逐步加深。在对外合作方面，普京也曾试图积极融入欧洲，以减少西方的传统敌意，与欧洲之间的合作也取得了一定程度的进展；但是这又不符合美国领导的单极全球霸权的战略目标。面对以美国为首的北约地缘政治的不断扩张，俄罗斯除了象征性抵制，就连让北约有所顾忌的核威慑，在俄乌冲突中似乎也面临着严重的挑衅。由此可见，俄罗斯现代化的发展面对诸多不确定性因素干扰的背景下仍然任重而道远。

七、发展中国家现代化进程

发展中国家以亚洲、非洲和拉丁美洲的国家为主，主要分布在北半球南部和南半球。在第二次世界大战前，大体从属于西方现代化国家殖民地或半殖民地的边缘地区。虽然其所处的自然地理环境不同，被殖民条件下所形成的生产方式的扭曲程度不同，长期历史条件下所形成的经济形态、政治结构与文化特征不同，以及社会结构、发展水平和发展阶段也不尽相同；但是，"在经济上都对发达的工业世界处于不平等的从属地位，在政治上都与殖民主义不同程度地联系在一起，则是一个共同特征"。①

第二次世界大战后，一大批新兴民族国家通过长期不断的斗争从西方殖民主义的统治下纷纷走向独立。多数发展中国家在 20 世纪下半叶才进入现代化启动阶段，这些国家向现代化转变的动力主要来自于外部，转变的方式往往是通过暴力形式去破坏原有的社会经济结构与机制。拉丁美洲的民族独立革命并没有带来多少实质性的变化，直到 19 世纪七八十年代伴随着第二次现代化的浪潮，少数拉美国家才启动了现代化进程。战后采取了进口替代发展战略，走上了自主探索工业化道路；经过艰难曲折的探索，经济上逐步摆脱了传统的增长模式初步实现了工业化和城市化的畸形发展。亚洲地区的印度在英国殖民统治下经历了百年的奴役与斗争才步入了独立发展的轨道，开启了艰难的现代化进程。当时号称"亚洲四小龙"的中国台湾地区、中国香港以及韩国和新加坡，走出一条出口导向的工业化道路，创造了非西方式的新型资本主义现代化的"经济高速增长奇迹"。西亚和北非在第二次世界大战后的第三次现代化浪潮推动下，实现了经济的逐步增长和相对稳定的政治发展。拥有丰富石油资源的中东国家，虽然基本上保持了原有的社会政治结构，但他们选择了以石油为特征的新工业革命，源源不断的石油财富使这一地区从异常落后的地区一跃而成为高收入国家。而撒哈拉沙漠以南的非洲地区的国家直到 20 世纪 60 年代随着殖民体系的瓦解才开始了从原始农业向现代农业的艰难探索。

在 20 世纪 60 年代末至 70 年代，大部分发展中国家仿照西方现代化模式谋求现代化发展，把现代化等同于西方化，把经济现代

---

① 罗荣渠. 现代化新论——世界与中国的现代化进程（增订本）[M]. 北京：商务印书馆，2022：176.

化等同于市场自由化，把政治现代化等同于西方民主化。拉丁美洲照搬西方现代化模式，以致经济上进一步加深了对国际资本的依附，深陷经济徘徊不前的"中等收入陷阱"，造成了国内政局动荡不安、社会冲突不断的混乱局面。这些民族国家受到西方现代化理论的影响，抛弃自己的文化价值观，全面拥抱西方价值观。尽管在政治形式上完全模仿西方，也采取了西方学者所鼓吹的新自由主义经济政策，但鲜有成功实现现代化的案例。究其原因，不外乎：没有自主独立的战略决策；缺乏长期稳定的政治环境；背离了本国国情的实际。

大多数发展中国家前期的发展状态不同于原始的自然经济或半自然经济，它是受制于外来发展机制下的原始生产方式被强制扭曲的畸形发展形态。经济上依附于发达工业国家，政治上与殖民主义相伴。现代化经验表明，发展中国家绝不能按照西方现代化的老路亦步亦趋。"指望在现代化道路上通过革命方式绕过现代生产力所需求的物质基础，一跃而进入现代工业社会，是根本行不通的，这只能导致乌托邦的现代化社会；但在现代化道路上抛弃自己的民族文化特性，完全重复西方工业化的老路，而不去设法绕过与减轻现代化的痛楚，这也是完全不可取的，那只配永远充当现代化先行者的尾随者。"①

---

① 罗荣渠．现代化新论——世界与中国的现代化进程（增订本）[M]．北京：商务印书馆，2022：239.

第二章

中国式现代化内涵演绎

一、现代化的含义

现代化是指工业革命以来人类社会所发生的由不发达社会到发达社会的动态发展过程。"现代化"的确切含义究竟是指什么？学术界迄今尚无一致的看法。罗荣渠先生在《现代化新论：世界与中国的现代化进程（增订本）》一书中对现代化的含义大致概括归纳为四大类：（一）现代化是指近代资本主义兴起后的特定国际关系格局下，经济上落后国家通过大搞技术革命，在经济和技术上赶上世界先进水平的历史过程。（二）现代化实质上就是工业化，更确切地说，是经济落后国家实现工业化的进程。（三）现代化是自科学革命以来人类急剧变动过程的统称。（四）现代化主要是一种心理态度、价值观和生活方式的改变过程。① 本书借鉴罗荣渠先生现代化的含义，即"广义而言，现代化作为一个世界性的历史过程，是指人类社会从工业革命以来所经历的一场急剧变革，这一变革以

---

① 罗荣渠. 现代化新论——世界与中国的现代化进程（增订本）[M]. 北京：商务印书馆，2022：9-15.

工业化为推动力，导致传统的农业社会向现代工业社会的全球性的大转变过程，它使工业主义渗透到经济、政治、文化、思想各个领域，引起深刻的相应变化；狭义而言，现代化又不是一个自然的社会演变过程，它是落后国家采取高效率的途径（其中包括可利用的传统因素），通过有计划地经济技术改造和学习世界先进，带动广泛的社会变革，以迅速赶上先进工业国和适应现代世界环境的发展过程"。[①]

另外，从世界现代化理论的研究来看，最让人困惑的是迄今为止理论界对于"现代"、"现代性"和"现代化"等内涵的认识和界定仍然含混不清。在这里，我们不妨借用戴木才教授在《论世界现代化运动的复杂性》一文中的论述，指出："总体而言，'现代'一词都是指一个时间概念；二是作为用来表达与现代社会特征等相一致的性质概念，主要指自世界现代化运动以来所形成的一切结果、状态及其发展进程。从广义上讲，'现代'一词包括自文艺复兴运动以来所形成的现代新现象和现代社会的新特征，包括从思想观念、价值理念、道德意识、法治思维到科技革命、工业发展、政治变革、社会变迁、治理转型、生态环境等的现代化发展状态和结果。'现代性'一词，则主要用来描述'现代'和现代社会的一种特性和状态，意味着一个国家或地区在现代化发展的进程中，逐渐形成的一种持续进步的、合目的性的、不可逆转的现代社会特性和现代社会状态，是一个国家或地区在不断推进现代化发展的历史实践中，建立起来的一整套与现代价值理念相适应的经济发展观念、国家政治观念、法治社会观念、文化发展模式、高效率社会组织机制和现代文明方式等，即现代生产方式、生存方式和生活方式。而

---

① 罗荣渠. 现代化新论——世界与中国的现代化进程（增订本）[M]. 北京：商务印书馆，2022：17.

所谓'现代化'，从现代化的发展历程看，则可以说是一种对人类社会进入现代以来的历史现象、世界潮流、发展过程和社会进步的总体性描述。也就是说，'现代化'一词的含义非常复杂，其内涵包括多个关键词，具有过程性、发展性和进步性，可以从多个角度、多个层次来理解。"①

二、中国式现代化概念凝练

中国式现代化是长期实践探索的结果。辛亥革命使传统的社会秩序走向瓦解，孙中山力图通过"联俄、联共、扶助农工"的三大政策来推动社会革命实现国家统一。中华民国的建立曾经一度给国人带来现代化的期盼，但是北伐战争的胜利成果被国民党蒋介石集团夺取后，中国社会一盘散沙的局面没有任何改变。正如毛泽东所言："在一个半殖民地的、半封建的、分裂的中国里，要想发展工业，建设国防，福利人民，求得国家的富强，多少年来多少人做过这种梦，但是一概幻灭了。"②习近平在学习贯彻党的二十大精神研讨班开班式上发表重要讲话时强调指出："实现中华民族伟大复兴是近代以来中国人民的共同梦想，无数仁人志士为此苦苦求索、进行各种尝试，但都以失败告终。"

在人类步入资本主义时代以后，经济文化落后国家应该选择何种社会发展道路？马克思在《资本论》中做过一般性的分析，提出了非资本主义发展道路设想，这对落后国家探索适合自己国情的社会发展模式具有重要的理论意义和实践探索价值。列宁继承和坚持了马克思这一思想，通过国家资本主义形式走向社会主义，领导制

---

① 戴木才. 论世界现代化运动的复杂性 [J]. 马克思主义研究，2024（7）：29 - 30.

② 毛泽东选集（第3卷）[M]. 北京：人民出版社，1991：1080.

定并实施了新经济政策实现了马克思主义关于社会发展道路选择上的实践超越，给中国式现代化道路的选择提供了一定的实践借鉴和思想启蒙。

"我们是马克思主义的历史主义者，我们不应当割断历史。从孔夫子到孙中山，我们应当给以总结，承继这一份珍贵的遗产。"① "马克思主义必须和我国的具体特点相结合并通过一定的民族形式才能实现。……使马克思主义在中国具体化，使之在其每一表现中带着必须有的中国的特性。"② 1954 年毛泽东在第一届全国人民代表大会第一次会议上致开幕词时宣布："要将我国建设成为一个工业化的具有高度现代文化程度的伟大的国家。"③ 周恩来在这次会上所作的《政府工作报告》中提出要建设"强大的现代化的工业、现代化的农业、现代化的交通运输业和现代化的国防"。④ 这是新中国领导人第一次提出四个现代化的概念。时隔 10 年后，在三届全国人大一次会议上，根据毛泽东的提议，周恩来在《政府工作报告》中指出："我们今后发展国民经济的主要任务，就是要在不太长的历史时期内，把我国建设成为一个具有现代农业、现代工业、现代国防和现代科学技术的社会主义强国，赶上和超过世界先进水平。"并提出实现四个现代化的"两步走战略"，即"第一步，建立一个独立的比较完整的工业体系和国民经济体系；第二步，全面实现农业、工业、国防和科学技术的现代化，使我国经济走在世界前列"。这是四个现代化被正式确定为国家发展的总体战略目标。毛泽东在中国共产党第七次全国代表大会上作政治报告时再次强调，"中国工人阶级的任务，不但是为着建立新民主主义的国家而斗争，而且是为着中国的工业化和农业近代化而斗争"。这些目标

---

①②③　毛泽东选集（第 2 卷）［M］. 北京：人民出版社，1991：534.
④　周恩来经济文选［M］. 北京：中央文献出版社，1993：176.

的提出，标志着中国迈入了现代化建设自主探索的轨道，为中国式现代化提供了富有原创性的发展思路。

邓小平于 1979 年 10 月 4 日《关于经济工作的几点意见》中指出："经济工作是当前最大的政治，经济问题是压倒一切的政治问题。不只是当前，恐怕今后长期的工作重点都要放在经济工作上面。所谓政治，就是四个现代化。我们开了大口，本世纪末实现四个现代化。后来改了个口，叫中国式的现代化，就是把标准放低一点。"邓小平在《实现四个现代化必须坚持四项基本原则》一文中指出："过去搞民主革命，要适合中国情况，走毛泽东同志开辟的农村包围城市的道路。现在搞建设，也要适合中国情况，走出一条中国式的现代化道路。"① 明确指出："中国式的现代化，必须从中国的特点出发。"② 首次明确提出"中国式现代化"概念。

以习近平同志为核心的领导集体在理论和实践上继续创新突破，推进和拓展了"中国式现代化"。习近平总书记在党的二十大报告中指出："从现在起，中国共产党的中心任务就是团结带领全国各族人民全面建成社会主义现代化强国、实现第二个百年奋斗目标，以中国式现代化全面推进中华民族伟大复兴。"③

三、中国式现代化的特征与本质

党的二十大报告指出："中国式现代化是人口规模巨大的现代化。我国十四亿多人口整体迈进现代化社会，规模超过现有发达国家人口的总和，艰巨性和复杂性前所未有，发展途径和推进方式也

---

① 邓小平文选（第二卷）[M]. 北京：人民出版社，1998：163.
② 邓小平文选（第二卷）[M]. 北京：人民出版社，1998：164.
③ 党的二十大报告学习辅导百问[M]. 北京：党建读物出版社、学习出版社，2022：16.

必然具有自己的特点。我们始终从国情出发想问题、作决策、办事情，既不好高骛远，也不因循守旧，保持历史耐心，坚持稳中求进、循序渐进、持续推进。"①

西方现代化经历了数百年的历史进程，覆盖了人口规模仅十亿左右的以欧美国家为主的国家。建立在生产资料私有制基础上的资本雇佣劳动是资本主义贫困性悖论的核心变量，"资本来到世间，从头到脚，每个毛孔都滴着血和肮脏的东西"。② 资本的本质以及资本主导下的资本主义生产的内生规律决定了西方资本主义现代化只是掌握资本的"少数人富裕"的现代化，是建立在大多数人贫困基础之上的以牺牲大多数人的利益为代价的现代化，实质是资本集团经济增长的现代化。正如马克思所言："实际上把资本家阶级的利益和发财致富宣布为国家的最终目的。"③

党的二十大报告指出："中国式现代化是全体人民共同富裕的现代化。共同富裕是中国特色社会主义的本质要求，也是一个长期的历史过程。我们坚持把实现人民对美好生活的向往作为现代化建设的出发点和落脚点，着力维护和促进社会公平正义，着力促进全体人民共同富裕，坚决防止两极分化。"④

中国式现代化体现了以人民为中心的发展思想，共同富裕是中国特色社会主义的本质要求，中国式现代化是全体人民共同富裕的现代化。党的十八大以来，在以习近平同志为核心的党中央坚强领导下，开展了人类历史上规模最大、力度最强的脱贫攻坚。"我们经过接续奋斗，实现了小康这个中华民族的千年梦想，我国发展站在了更高历史起点上。我们坚持精准扶贫、尽锐出战，打赢了人类

---

①④　党的二十大报告学习辅导百问［M］. 北京：党建读物出版社、学习出版社，2022：17.

②　马克思恩格斯选集（第2卷）［M］. 北京：人民出版社，1995.

③　资本论（纪念版）（第三卷）［M］. 北京：人民出版社，2018：887.

历史上规模最大的脱贫攻坚战，全国八百三十二个贫困县全部摘帽，近一亿农村贫困人口实现脱贫，九百六十多万贫困人口实现易地搬迁，历史性地解决了绝对贫困问题，为全球减贫事业作出了重大贡献。"① 开启了十四亿多人口整体迈向全面建设社会主义现代化强国新征程。

党的二十大报告指出："中国式现代化是物质文明和精神文明相协调的现代化。物质富足、精神富有是社会主义现代化的根本要求。物质贫困不是社会主义，精神贫乏也不是社会主义。我们不断厚植现代化的物质基础，不断夯实人民幸福生活的物质条件，同时大力发展社会主义先进文化，加强理想信念教育，传承中华文明，促进物的全面丰富和人的全面发展。"②

西方现代化越来越凸显了西方国家物质膨胀主义的纵欲导致了严重的精神危机和生存危机，造成了包括文化价值的衰落、个人精神状态的恶化以及社会整体的职业倦怠感等的发展困境，现代犯罪成为经济高度繁荣的现实产物，这些现象反映了西方国家在精神层面的困境。即资本主导下的现代化，伴随着物质产品越丰富，人的精神世界越贫乏。"工人生产的财富越多，他的生产的影响和规模越大，他就越贫穷。工人创造的商品越多，他就越变成廉价的商品。物的世界的增值同人的世界的贬值成正比。"③ 在资本雇员劳动机制下，接受雇佣的劳动者完全被束缚在资本增殖逻辑的严密控制机制之中，随着现代化程度的不断提高，劳动者日益被物化为机械性生产工具。"他在自己的劳动中不是肯定自己，而是否定自己，不是感到幸福，而是感到不幸，不是自由地发挥自己的体力和智

---

① 党的二十大报告学习辅导百问［M］. 北京：党建读物出版社、学习出版社，2022：6.

② 党的二十大报告学习辅导百问［M］. 北京：党建读物出版社、学习出版社，2022：17.

③ 马克思恩格斯文集（第1卷）［M］. 人民出版社，2009：156.

力，而是使自己的肉体受折磨、精神遭摧残……肉体的强制或其他强制一停止，人们就会像逃避瘟疫那样逃避劳动。"① 中国式现代化是物质文明和精神文明相协调的现代化。邓小平在《建设社会主义的物质文明和精神文明》中指出："在社会主义国家，一个真正的马克思主义政党在执政以后，一定要致力于发展生产力，并在这个基础上逐步提高人民的生活水平。这就是建设物质文明……与此同时，还要建设社会主义的精神文明，最根本的是要使广大人民有共产主义的理想，有道德，有文化，守纪律。国际主义、爱国主义都属于精神文明的范畴。"② 中国在 2010 年成为世界第二大经济体，为现代化建设奠定了更为坚实的物质基础。人民生活得到全方位改善。"建成世界上规模最大的教育体系、社会保障体系、医疗卫生体系，教育普及水平实现历史性跨越，基本养老保险覆盖十亿四千万人，基本医疗保险参保率稳定在百分之九十五。"③ 与此同时，中国式现代化在经济高质量发展基础上，大力繁荣社会主义精神文明，积极引导各种不同社会力量广泛地参与到政治和社会生活的方方面面，在物质富裕、精神富有的基础上进一步推进人的真正的全面自由发展，更加充实了人民的获得感、幸福感、安全感。

党的二十大报告指出："中国式现代化是人与自然和谐共生的现代化。人与自然是生命共同体，无止境地向自然索取甚至破坏自然必然会遭到大自然的报复。我们坚持可持续发展，坚持节约优先、保护优先、自然恢复为主的方针，像保护眼睛一样保护自然和生态环境，坚定不移走生产发展、生活富裕、生态良好的文明发展

---

① 资本论（纪念版）（第一卷）［M］. 北京：人民出版社，2018：871.
② 邓小平文选（第三卷）［M］. 北京：人民出版社，1993：28.
③ 党的二十大报告学习辅导百问［M］. 北京：党建读物出版社、学习出版社，2022：8.

道路，实现中华民族永续发展。"

西方现代化走的边发展边污染，先污染后治理的现代化道路，这种发展方式必然会带来危及人类生存和发展的生态危机；伴随着垄断资本的无限扩张，生态危机全球恶化的趋势越来越明显。"西方现代化模式下，资本对利润无止境追逐，导致对自然无节制索取，在创造了极为丰裕物质财富的同时，也带来了难以想象的环境创伤。20 世纪 30 年代至 60 年代发生的'世界八大公害事件'，以极其惨烈的代价给人类敲响了警钟。"① 面对恶化生态环境对人类生存和发展的反噬，并没有引起使西方现代化主导者对人与自然关系的足够重视，反而采取转移污染的方式要求发展中国家承担更多的代价。对此，习近平指出："人类不能再忽视大自然一次又一次的警告，沿着只讲索取不讲投入、只讲发展不讲保护、只讲利用不讲修复的老路走下去。"② 并明确表示"二氧化碳排放力争于 2030年前达到峰值，努力争取在 2060 年前实现碳中和"。③ 要求在推进中国式现代化进程中，"既要创造更多的物质财富和精神财富以满足人民日益增长的美好生活需要，也要提供更多优质生态产品以满足人民日益增长的优美生态环境需要"。④ 坚持"绿水青山就是金山银山"的发展理念，"把生态文明建设融入经济建设、政治建设、文化建设、社会建设各方面和全过程"。⑤

党的二十大报告指出："中国式现代化是走和平发展道路的现

---

① 党的二十大报告学习辅导百问 [M]. 北京：党建读物出版社、学习出版社，2022：43.
② 习近平新时代中国特色社会主义思想专题摘编 [M]. 北京：党建读物出版社、中央文献出版社，2023：386.
③ 习近平新时代中国特色社会主义思想专题摘编 [M]. 北京：党建读物出版社、中央文献出版社，2023：387.
④ 习近平新时代中国特色社会主义思想专题摘编 [M]. 北京：党建读物出版社、中央文献出版社，2023：382.
⑤ 习近平新时代中国特色社会主义思想专题摘编 [M]. 北京：党建读物出版社、中央文献出版社，2023：372.

代化。我国不走一些国家通过战争、殖民、掠夺等方式实现现代化的老路，那种损人利己、充满血腥罪恶的老路给广大发展中国家人民带来深重苦难。我们坚定站在历史正确的一边、站在人类文明进步的一边，高举和平、发展、合作、共赢旗帜，在坚定维护世界和平与发展中谋求自身发展，又以自身发展更好维护世界和平与发展。"

　　西方现代化是建立在殖民掠夺、暴力侵略基础上的现代化。新航路的开辟为西方现代化带来原罪底色："美洲金银产地的发现，土著居民的被剿灭、被奴役和被埋葬于矿井，对东印度开始进行的征服和掠夺，非洲变成商业性地猎获黑人的场所——这一切标志着资本主义生产时代的曙光。这些田园诗式的过程是原始积累的主要因素。接踵而来的是欧洲各国以地球为战场而进行的商业战争。"[①]直到今天，美国等西方资本主义国家依然仗着对现代化的先发优势及其对世界现代化的主导权，固守西方霸权思维，经济上脱钩断链，政治上联盟遏制，科技上组团封锁，意识形态上制造对抗，金融上滥用美元霸权，国际规则中随意推行本国例外和双重标准的所谓"基于秩序的国际规则"，国际组织几乎成为美国霸权的现实版延伸，军事上打着各种泛安全化、泛政治化的无端幌子动辄发动战争或代理人战争，成为人类现代化进程中的最大障碍。相反，中国式现代化摒弃了西方那种充满血腥罪恶的现代化老路，选择了走和平发展的道路。1840年鸦片战争后，中华民族遭受了前所未有的劫难，直到新中国成立实现了民族独立，才争取到实现和平、创造美好和平生活的和平环境。在探索中国式现代化进程中，中国始终秉承和平、和睦、和谐的中华民族"和为贵"的文化基因，这种对"和平"价值的持久追求构成了通过和平发展道路实现中

---

① 马克思恩格斯文集（第5卷）［M］. 北京：人民出版社，2009：860-861.

国式现代化的不竭动力。进入新时代，以习近平同志为核心的党中央顺应和平、发展、合作、共赢的时代潮流，统筹国内国际两个大局，坚持对话而不对抗、结伴而不结盟，通过合作共赢实现和平发展的现代化道路。新征程上"坚定站在历史正确的一边、站在人类文明进步的一边，高举和平、发展、合作、共赢的旗帜，坚持弘扬全人类共同价值，同世界各国人民一道推动共建人类命运共同体，在坚定维护世界和平与发展中谋求自身发展，又以自身发展更好维护世界和平与发展，推动中国式现代化道路越走越宽广"。①

中国式现代化的本质要求是：坚持中国共产党领导，坚持中国特色社会主义，实现高质量发展，发展全过程人民民主，丰富人民精神世界，实现全体人民共同富裕，促进人与自然和谐共生，推动构建人类命运共同体，创造人类文明新形态。②

中国式现代化具有明确的本质要求。"从本质特征看，中国式现代化是中国共产党领导的社会主义现代化。中国共产党是中国式现代化的领导力量，也是中国式现代化沿着中国特色社会主义道路继往开来、持之以恒、一以贯之的可靠支撑，更是新时代中国式现代化创新发展、实现第二个百年奋斗目标的坚强保证。坚持中国共产党领导，是中国式现代化最鲜明的特征和最突出的优势，是推进中国式现代化必须坚持的最高原则。中国式现代化是社会主义制度下的现代化，社会主义制度决定了中国式现代化的基本性质和未来走向。坚持中国特色社会主义，是中国式现代化同西方现代化道路的根本区别，是推进中国式现代化的最本质要求。"

---

① 党的二十大报告学习辅导百问 [M]. 北京：党建读物出版社、学习出版社，2022：43.

② 党的二十大报告学习辅导百问 [M]. 北京：党建读物出版社、学习出版社，2022：17-18.

"从科学内涵看，推进中国式现代化的奋斗目标是把我国建成富强民主文明和谐美丽的社会主义现代化强国。必须全面提升我国的物质文明、政治文明、精神文明、社会文明、生态文明水平。全面提升物质文明水平，必须坚持以实现高质量发展为方向，加快形成高质量发展模式和现代化经济体系，不断厚植现代化的物质基础和人民幸福生活的物质条件，全面提高我国经济实力、科技实力和综合国力。全面提升政治文明水平，必须坚持以发展全过程人民民主为方向，健全人民当家作主制度体系，坚持走中国特色社会主义法治道路，全面实现国家治理体系和治理能力现代化。全面提升精神文明水平，必须坚持以丰富人民精神世界为方向，坚持中国特色社会主义文化发展道路，激发全民族文化创新创造活力，增强实现中华民族伟大复兴的精神力量。全面提升社会文明水平，必须坚持以实现全体人民共同富裕为方向，坚持把实现人民对美好生活的向往作为现代化建设的出发点和落脚点，着力维护和促进社会公平正义，保证社会既充满活力又和谐有序。全面提升生态文明水平，必须坚持以促进人与自然和谐共生为方向，牢固树立和践行绿水青山就是金山银山的理念，坚定不移走生产发展、生活富裕、生态良好的文明发展道路，实现中华民族永续发展。"

"从国际影响看，以和平方式实现国家发展和民族复兴，是中国式现代化的显著特征。中国式现代化摒弃了一些国家通过战争、殖民、掠夺等方式实现现代化的老路，开创了通过合作共赢实现共同发展、和平发展的现代化发展模式，致力推动构建人类命运共同体，在坚定维护世界和平与发展中谋求自身发展，又以自身发展更好维护世界和平与发展。中国式现代化是创造人类文明新形态的过程，拓展了发展中国家走向现代化的途径，给世界上那些既希望加快发展又希望保持自身独立性的国家和民族提供了全新选择，为解决人类问题贡献了中国智慧和中国方案。"①

从经济维度看，中国没有选择西方鼓吹的自由主义经济学给出的道路，而是强调将有效市场和有为政府有机融合。"从理论渊源上看，自由市场化的理论来自于亚当·斯密，市场的灵活性确实为英美的经济繁荣提供了助推力，促进了资源的有效配置与国民经济的高效运转。发展中国家信奉了自由主义经济学的说教，认为其是实现经济现代化的最佳策略，但实践中却适得其反，不仅没有实现经济现代化，还陷入了经济危机的泥沼不得解脱。其实，市场经济不是万能的，因为完全自由竞争的市场环境只存在于脱离现实的真空之中。首先，国际贸易环境并非是友好的，现代化理论家所鼓吹的世界经济扁平结构并不存在，国际经济体系的等级分层依然悬殊，西方先发国家占据了全球产业链的最高端，制定了不利于发展中国家的贸易条件，发展中国家在与西方国家的贸易中永远处于不利的地位。其次，历史与现实已经证明不受调控的自由市场是不健全的，因为市场存在外部性，市场各主体间也存在信息不对称性，公共产品的供给也不能由市场完全承担，这些问题的积累都会导致市场失灵。最后，英美所推行的自由主义经济政策，本质上要在全球建立一个商品、资本、技术、人员自由流动的经济体系，这一全球化的经济体系是有利于英美等国资本所有者利益的。"

中国没有走自由主义经济学给出的道路，而是强调将有效市场和有为政府有机结合，既充分发挥市场的自律效应，又以政府调控适应现实发展需求，以有效的国家组织形式将传统中国推上现代化发展的道路，通过制定一系列的五年计划来引领中国的经济发展与

① 党的二十大报告学习辅导百问［M］.北京：党建读物出版社、学习出版社，2022：17－18.

优化产业结构和布局，通过有组织的产业发展政策来积极参与国际市场的竞争。① 经过改革开放 60 余年的实践探索，中国确立了立足于中国现实国情的社会主义市场经济体制，强调以市场竞争为基础，以社会主义为导向，坚持公有制为主体的多种所有制形式，坚持按劳分配为主体的多种分配方式。中国的经济现代化建设既重视发挥国家宏观调控的引导作用，也重视通过市场经济来保障效率优先，同时更重视通过社会主义的分配政策来兼顾公平。②

　　从政治维度看，"西方人的政治现代化以民主为目标，中国的政治现代化也以民主为目标。但是，西方学者把民主等同于选举、代议制、多党轮流执政，限制了民主的丰富内涵；中国对于民主的理解则更多强调实质民主而非西方式的形式民主，将以人民为中心的原则贯穿于民主运行的全过程，形成了中国特色的全过程人民民主。中西方的民主观无论在内涵、表现形式、哲学基础、运行方式等多个方面都存在本质区别。西式民主观的哲学基础是自然法与天赋人权；在内涵上主张人民主权与投票选举；在运行方式上强调三权分立与权力制衡；在表现形式上以政党轮换更迭的实际政治运作为特征；在本质上体现了以资本为中心的意图，是资本主义的民主。中式民主观的哲学基础既有马克思主义的人民民主思想，也有天下为公、以民为本的传统政治思想；在内涵上主张以人民为中心与协商民主；在运行方式上强调在中国共产党的领导下实行全过程人民民主；在表现形式上坚持和完善人民代表大会制度，坚持党的领导、人民当家作主、依法治国有机统一；在本质上体现了以人民为中心的思想，是全体人民的民主。全过程人民民主注重民主的过

<hr />

　　①　党的二十大报告学习辅导百问［M］. 北京：党建读物出版社、学习出版社，2022：43－44.

　　②　党的二十大报告学习辅导百问［M］. 北京：党建读物出版社、学习出版社，2022：44－45.

程性，将实质民主嵌入选举、协商、决策、管理、监督的全链条中，不断提高民主主体、参与内容、民主流程的完备性。"

从文化维度看，"中国坚持文化多元主义的立场，既反对全盘西化，也反对固守传统，既重视吸收西方现代文明的优秀成果，也重视对优秀传统文化的创造性转化和创新性发展。中国文化的现代转型是在晚清面临千年未有之大变局的形势之下，在西方坚船利炮的威胁之下，所进行的一次文化转型。进入20世纪90年代以后，随着中国经济现代化的速度日益加快，中国现代化的建设走入民族伟大复兴的轨道，中国文化知识界开始变得自信起来，对于中华优秀传统文化的态度也发生了180度的转变，传统儒家的超越视野又开始复兴并开始占据重要的地位。进入新时代以来，中国共产党将文化自信与道路自信、理论自信、制度自信相提并论，提出中国特色社会主义的'四个自信'"。

四、国际视域下中国式现代化布局及国际影响力

（一）携手推进"一带一路"

倡议"一带一路"不仅仅着眼于我国自身发展，而是以我国发展为契机，让更多国家搭上我国发展"快车"，帮助他们实现发展目标，是我国在新的历史条件下推行互利共赢的重要平台。"一带一路"以经济走廊为依托，以交通基础设施为突破，以建设融资平台为抓手，以人文为纽带，为促进各国共同繁荣进步，中国秉持共商共建共享原则推进"一带一路"建设。"一带一路"建设框架兼顾各国需求，统筹陆海两大方向，涵盖面宽，包容性强，辐射作用大。中国把"一带一路"同地区实际结合起来，把集体行动同双边合作结合起来，把促进发展同维护和平结合起来，优势互补，合作

共赢，造福"一带一路"地区人民和世界人民，成为实实在在的国际公共产品，使沿线各国人民实实在在感受到了"一带一路"给他们带来的好处。

（二）人类命运共同体

各国相互联系、相互依存，全球命运与共、休戚相关，和平力量的上升远远超过战争因素的增长，人类命运共同体契合了全人类和平、发展、合作、共赢的共同愿望。但是，战争从未远离，人类始终面临着战火的威胁，当前俄乌冲突、巴以战争、恐怖主义、难民危机严重威胁着人类的安全，对正在加速演变的世界格局带来了更多不确定性的影响。但是伴随着新兴市场国家和发展中国家的崛起，经济全球化、世界多极化进一步发展已经成为不可阻挡的历史潮流。一国的安全不应该建立在别国不安全之上，构建人类命运共同体，实现共赢共享的中国方案，顺应时代潮流、把握人类进步大势、顺应人民共同期待，把自身发展同国家、民族、人类的发展紧密结合在一起，着眼于本国和世界，着眼于全局和长远，为努力建设一个远离贫困、远离战争、共同繁荣的世界，一如既往为世界和平安宁奉献着中国的力量。

（三）中国式现代化的世界意义

中国式现代化实现了从道路、理论、制度、文化对西方现代化的突破，创造了人类文明新形态，给世界其他国家特别是广大发展中国家谋求现代化发展提供了一种全新的选择，丰富了世界现代化发展历史。习近平在党的二十大报告中指出："中国式现代化为人类实现现代化提供了新的选择，中国共产党和中国人民为解决人类面临的共同问题提供更多更好的中国智慧、中国方案、中国力量，为人类和平与发展崇高事业作出新的更大的贡献!"① 据此，习近平强调中国式现代化的世界意义在于："拓展了发展中国家走向现代化的途径，给世界上那些既希望加快发展又希望保持自身独立性的国家和民族提供了全新选择。"②

---

① 党的二十大报告学习辅导百问 [M]. 北京：党建读物出版社、学习出版社，2022：12.

② 中共中央关于党的百年奋斗重大成就和历史经验的决议 [M]. 北京：人民出版社，2021：64.

第三章

中国"混联式"现代化
内在体制机制

党的二十届三中全会围绕推进中国式现代化进一步全面深化改革提出了新的重要课题，中国式现代化进程中轻重缓急的实践处理依赖便是"混联式"现代化中的"串联"与"并联"的关系问题。中国"混联式"现代化的内涵契合了世界现代化的一般性与中国自身发展的特殊性，突出了党的二十大报告"既有各国现代化的共同特征，更有基于自己国情的中国特色"的辩证思维。"混联式"现代化内在机制构成一个复杂的系统，"并联"子系统必然内含着其各自领域特殊规律的"串联"量变成分；各"并联"子系统又融合叠加于"串联"主轴合力推动中国式现代化螺旋式、渐进式发展，由此破解了诸多人类现代化实践难题。

1978 年 12 月，邓小平题为《解放思想，实事求是，团结一致向前看》的重要讲话实际上成了党的十一届三中全会的主题报告，讨论了把全党的工作重点转移到社会主义现代化建设上来。围绕全党工作重点转移这个中心，全面做出了具有重大意义的战略转变，开启了改革开放和社会主义现代化建设新时期。

2013 年 11 月，党的十八届三中全会《中共中央关于全面深化改革若干重大问题的决定》围绕深化经济体制、政治体制、文化体制、社会体制、生态文明体制五大体制改革做出系统部署，经济体制改革是全面深化改革的重点，核心问题是处理好政府和市场的关系。首次明确定义了市场在资源配置中的"决定性作用"，强调使市场在资源配置中起决定性作用和更好发挥政府作用。在体制机制改革上的重大突破，推动了各项基本制度运作的规范化，开创了我国改革开放和现代化建设全新局面。

2024 年 7 月，党的二十届三中全会《中共中央关于进一步全面深化改革推进中国式现代化的决定》在体制机制方面要求：构建高水平社会主义市场经济体制，健全推动经济高质量发展体制机制，构建支持全面创新体制机制，增强改革举措的高效性、针对性和精准度。四十多年的改革开放实践证明，没有改革开放就没有中国式现代化，没有持续深入推进改革开放就实现不了中国式现代化。

一、中国"混联式"现代化概念的提出及内涵阐释

世界是相互联系、相互作用的系统整体。中国式现代化是经济、政治、文化、社会以及生态文明等各个领域、各个环节高度耦合、系统集成的一项复杂工程，各子系统又紧密联系、相互作用、缺一不可。这就要求我们必须善于运用辩证思维、系统方法，既要纵向把握现代化发展趋势、前后贯通，又要横向统筹兼顾、全面协调。对中国"混联式"现代化这个概念，可能存在两种质疑：其一，在没有真正了解其内涵只是从表面意思来看，认为这仅仅是一种文字游戏而无实质的创新，可能会遭到一些同行专家学者的一票否决。事实上，在中国式现代化进程中，很多实际问题的处理都涉及"并联"与"串联"的关系问题，比如农业农村现代化与城市现代化的问题，现在农业农村现代化已经成为中国式现代化发展最大的短板，如果没有农业农村现代化就没有真正意义上的中国式现

代化。诸如此类的问题都是"并联"影响到"串联"最典型的实例。其二，还有一部分专家学者可能认为，"混联式"现代化这个概念与习近平所提出的"并联式"现代化概念相矛盾，虽然有一定程度的认可但不愿或不敢直接面对，认为这是一个过于敏感的话题，事实上我们对学术研究的态度向来是秉承百花齐放百家争鸣自由开放的原则，因此这是对学术研究的过度政治解读而已。中国"混联式"现代化概念一方面正是基于中国现代化系统工程的纵向发展趋势以及各领域现代化内容横向协调兼顾这样的事实；另一方面也是基于中国式现代化进程中轻重缓急的实践处理依赖首要就是"混联式"现代化中的"串联"与"并联"的关系问题，内涵了以"串"带"并"，以"并"促"串"的发展逻辑。中国"混联式"现代化是世界现代化的普遍性与中国式现代化自身发展特殊性的融合，契合了党的二十大报告强调指出的中国式现代化"既有各国现代化的共同特征，更有基于自己国情的中国特色"的辩证思维。中国"混联式"现代化概念的提出，只是本着对推进中国式现代化过程中厘清轻重缓急的实践处理以及路径依赖浅薄的学术探讨而已。我把其形象地称为多条腿协调推进的"蜈蚣式"现代化，当然不可以简单化为多桨同步直线前行的"龙舟式"现代化。

首先，本书所说的"混联式"现代化中所包含的"串联式"内涵并不是指工业化、城镇化、农业现代化和信息化的"历史实践时间顺次"，而是根据中国式现代化强国这条发展主轴定义的。任何一国的现代化都是以经济现代化为核心先导的，从经济发展来看，发展是中国式现代化建设的首要任务，并将"人民为中心"的发展思想贯穿于"发展是硬道理"这条"现代化强国"的主轴。我把这条现代化发展主轴定义为中国"混联式"现代化中的"串联式"部分，在这条主轴上串联了"温饱"—"小康"—"富裕"—"共同富裕"—"现代化强国自我超越"等不同历史阶段的现代化发展目标，是中国式现代化强国的短期与长远目标的结合，体现了"发展是硬道理"的本质要求；也是一个长期量变积累到质变的串联动态过程，这些不同节点发展目标又体现了由总的量变到总的质变过程中的部分量变到部分质变的渐进式特点，即中国"混联式"现代化的目标是不断自我超越。

其次，本书提出的中国"混联式"现代化概念及其内涵仅仅是从学术视域进行的探讨，即所谓"混联式"现代化中所包含的"并联式"内涵与习近平总书记所说的"并联式现代化"是一致的。习近平总书记基于我国当前现代化实践内容时强调："我国现代化同西方发达国家有很大的不同。西方发达国家是一个'串联式'的发展过程，工业化、城镇化、农业现代化、信息化顺序发展，发展到目前水平用了二百多年时间。我们要后来居上，把'失去的二百年'找回来，决定了我国发展必然是一个'并联式'的过程，工业化、信息化、城镇化、农业现代化是叠加发展的。"①从中国式现代化实践内容来看是"并联式"的，而且随着"串联式"现代化实践的不断推进与发展，其"并联式"现代化的内容越来越丰富和复杂，除工业化、城镇化、农业现代化和信息化之外，还有科技现代化、教育现代化、产业体系现代化、治理能力现代化、国防现代化等，以及与之相伴的经济结构现代化、社会结构现代化、人口结构现代化、生态结构现代化以及未来必将出现的各种内容的现代化等。中国式现代化并非也不可能是单纯的"串联式"，围绕这条串联主轴存在着不同阶段、不同节点的多重同步发展目标，我把这些多重同步发展目标的实现内容及实现方式称为"并联式"。

---

① 习近平关于社会主义经济建设论述摘编［M］．北京：中央文献出版社，2017：159.

综观世界现代化实践,任何一国的现代化都是工业化、城镇化、农业现代化、信息化、科技化等相互关联的过程。中国式现代化从其历史发展实践来看,没有也不可能完全脱离"串联式"现代化的部分发展逻辑,不存在不包含普遍性的特殊性。由此可见,中国式现代化是全面而复杂的现代化系统工程,是串联中的多重并联叠加,即串联中融合叠加着不同子系统的并联,并联中又包含着同一子系统内部的串联量变过程,"串"中有"并","并"中有"串",体现了以动带静,以静促动的辩证发展思维。因此,中国式现代化实际上是各现代化子系统相互融合、相互影响、相互制约、相互叠加的"混联式"现代化,即形成以现代化强国动态自我超越为串联主轴的各现代化子系统并行叠加的"混联式"现代化。

二、中国"混联式"现代化中的"串联"量变过程

(一)以经济发展为串联主轴推动中国式现代化进程

以经济发展为中心是富民强国的根本。生产力决定生产关系,经济基础决定上层建筑,这是历史唯物主义的基本规律,要求我们"把经济条件看做归根到底制约着历史发展的东西"。[①] 人类社会无论发展到什么阶段、发展到什么水平,"以经济发展为中心"是这一基础规律的直接要求,是任何时候都不能背离的,也是被人类历史发展实践所证明的正确选择。没有经济发展,其他一切发展都将是无源之水、无本之木。在我国现代化发展过程中,曾经背离了经济发展这个中心的"文化大革命"十年内乱给我们带来了深刻的实践教训。对此邓小平纵观世界各国现代化发展历史指出:"世界上

---

① 马克思恩格斯文集(第十卷)[M].北京:人民出版社,2009:668.

一些国家发生问题，从根本上说，都是因为经济上不去。"① 坚持
以经济发展为中心，是中国式现代化全局战略性问题，是中国共产
党和中国人民对现代化实践探索经验的实践总结。图 3-1 为中国
"混联式"现代化中的串联渐进模式。

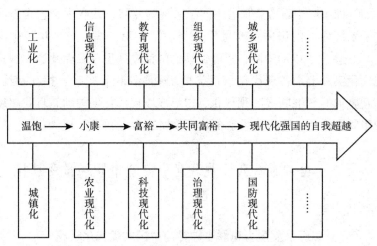

图 3-1　中国"混联式"现代化中的串联渐进模式

资料来源：笔者自制。

　　另外，社会主义初级阶段的主要矛盾决定着中国式现代化建设
的中心任务必须是发展经济。马克思主义认为，无产阶级政党在各
个时期的中心任务是由该时期的社会主要矛盾决定的。当然社会主
义初级阶段主要矛盾随着现代化进程的不断推进也需要与时俱进的
转化和适时的调整：从人民对于建立先进工业国的要求同落后农业
国现实之间的矛盾，到人民日益增长的物质文化需要同落后的社会
生产之间的矛盾；再到人民日益增长的美好生活需要和不平衡不充

---

① 邓小平文选（第三卷）［M］. 北京：人民出版社，1993：354.

分的发展之间的矛盾。不同时期主要矛盾的转化反映了经济发展总的量变过程中部分质变的阶段性要求，其现实内涵和表现形式虽有所不同，但社会主要矛盾的变化并没有改变我国仍处于社会主义初级阶段的总体判断，发展经济仍然是中心工作。坚持以经济发展为中心就是紧紧围绕社会主要矛盾，优先解决主要矛盾和矛盾的主要方面。

（二）坚持以经济发展为中心要处理好三个关系

首先要正确处理好改革、发展、稳定三者之间的关系。对三者之间的辩证关系邓小平理论进行了全面而深刻的论述。简而概之，邓小平指出："改革是中国的第二次革命。"[①]、"改革是中国发展生产力的必由之路。"[②]、"中国解决所有问题的关键是要靠自己的发展。"[③]、"发展才是硬道理。"[④]、"压倒一切的是稳定——中国的问题，压倒一切的是需要稳定。没有稳定的环境，什么都搞不成，已经取得的成果也会失掉。"[⑤] 如何正确处理改革、发展、稳定这个中国式现代化根本问题，习近平在庆祝改革开放40周年大会上指出："必须坚持辩证唯物主义和历史唯物主义世界观和方法论，正确处理改革发展稳定关系。……把改革的力度、发展的速度和社会可承受的程度统一起来。"[⑥] 三者之间系统性的成功推进续写了中国经济快速发展和社会长期稳定两大奇迹。

进入新时代，又赋予了改革、发展、稳定、安全新的内涵和新的特点。当前改革的安全性、战略性、复杂性越发凸显，未来改革需要围绕全面深化改革的总目标以新发展理念推进顶层战略性设计

---

① 邓小平文选（第三卷）[M]．北京：人民出版社，1993：113.
②③ 邓小平文选（第三卷）[M]．北京，人民出版社，1993：136.
④ 邓小平文选（第三卷）[M]．北京，人民出版社，1993：337.
⑤ 邓小平文选（第三卷）[M]．北京，人民出版社，1993：284.
⑥ 习近平关于全面深化改革论述摘编[M]．北京：中央文献出版社，2014：36.

与基层创新性改革。2024 年 7 月党的二十届三中全会《中共中央关于进一步全面深化改革推进中国式现代化的决定》要求："全党必须自觉把改革摆在更加突出位置，紧紧围绕推进中国式现代化进一步全面深化改革。"改革是发展的动力，没有改革开放就没有中国式现代化，没有持续深入推进改革开放就实现不了中国式现代化。发展的内涵愈加丰富：创新发展、协调发展、绿色发展、开放发展、共享发展；新时代要求以高质量发展为主题，实现质的有效提升和量的合理增长。但是，随着国际力量对比深刻调整以及世界格局新的动态变化，我国发展面临的不确定风险性空前上升，要深刻反思俄乌冲突、巴以战争、北溪管道破坏、日本核污染水排海等，未来要以行动导向把安全发展理念贯穿于现代化发展的各个领域，以科技创新特别是核心技术创新引领发展的全过程。充分发挥"一带一路"国际公共产品的影响力，通过中国式现代化的实践推动世界现代化文明进程。进入新时代，稳定的内涵更加丰富，除了政治稳定和社会稳定之外，民心稳定更为深邃，这是一个长期而深远的历史课题。民心的稳定要体现在现代化发展方方面面，坚持"以百姓心为心"①。国家治理体系和治理能力现代化要求实现稳定的方式要更加注重人性化。另外，从矛盾运动变化发展的观点来看，改革、发展、稳定与安全的关系并非一成不变，在特定历史条件和不同发展阶段，三者之间要有所侧重，这就要求我们要用新的方法动态适时地把握三者之间的辩证关系。正如刘守英所说，中国式现代化的重要动力是通过体制建构和不断的制度变革来实现一个后来者的现代化赶超。

其次，要正确处理好效率与公平的关系。效率与公平的步伐不

---

① 习近平新时代中国特色社会主义思想专题摘编［M］. 北京：党建读物出版社，2023：110.

应该完全一致也不可能完全一致，西式现代化极端追求效率，不可避免地导致严重的社会两极分化。效率与公平不是互相对立、此消彼长的关系，而是互为条件、互为前提。需要根据"混联式"现代化自身规律，即在"串联"式发展和"并联"式协调中统筹兼顾。效率与公平问题直接影响着改革发展稳定的关系，本书所说的效率是指"宏观效率"，主要包括制度效率、体制效率、机制效率以及宏观资源配置效率等；"微观效率"应该由市场通过竞争激励机制优胜劣汰。公平主要是分配问题。中国式现代化是全体人民共同富裕的现代化，既是生产力与生产关系的辩证统一，同时也内涵了效率与公平的辩证要求。共同富裕的前提是生产力高度发达基础上的国强民富，同时也是合理差距约束条件下的一个长期动态调整过程。要处理好效率与公平的问题，关键是如何有效掌握好"合理差距"量与质的度的问题。新中国成立初期侧重"公平优先"，这是特定历史条件下确立社会主义基本制度的实践要求。改革开放初期，为了最先解决人民的温饱、消除贫困问题，党的十五大首次明确提出坚持"效率优先、兼顾公平"的原则。党的十六大报告中江泽民总书记提出要在"效率优先、兼顾公平"的基础上，"初次分配注重效率，……再分配注重公平"。党的十七大报告中，胡锦涛总书记强调"初次分配和再分配都要处理好效率和公平的关系，再分配更加注重公平"。党的十八大报告中胡锦涛总书记再次明确"初次分配和再分配都要兼顾效率和公平，再分配更加注重公平"。进入新时代，全面建成小康社会后，发展的不平衡不充分日渐凸显，习近平总书记在党的十九大报告中提出"实现更高质量、更有效率、更加公平、更可持续的发展！"，"必须坚持质量第一、效益优先"。党的二十大报告中进一步提出两个基本同步——"居民收入增长和经济增长基本同步，劳动报酬提高与劳动生产率提高基本同步"。中国经历了"公平与效率兼顾"，"效率优先到侧重公平"，再到"质量第一、效益优先"的转变过程。效率不是公平的机会成本，公平也并非效率的机会成本，两者之间不存在简单的零和博弈。不可否认，市场机制在提高资源配置效率的同时将使两极分化不可避免地进一步加深，因此市场机制并不是提高资源经济社会效益唯一有效的手段。效率与公平的同一性完全可以在社会主义市场机制以及共同富裕的实践中协同实现。在和平与发展为大局主题的时代，公平的相对性不应该以牺牲发展效率的绝对性为代价。

再次，"两个中心"的关系。对于这个问题的争论，主要有"超越论"、"转移论"和"统一论"的不同观点。以经济发展为中心是富民强国的根本，从辩证唯物主义和历史唯物主义来看，人类社会和自然是彼此约束、互为促进的，二者动态互动的中轴即是经济发展。以经济发展为中轴所形成的包括经济、政治、文化、科技、生态等内在的多维系统相互影响、相互促进，共同推动社会生产力的发展，这是被人类历史发展证明的客观规律。以经济发展为中心并不是单纯的"以物为本"与"以人为本"的对立，现在贫富差距的扩大以及生态环境的破坏，正是由于以经济发展为中心的发展不平衡、不充分所导致的；"以经济发展为中心"是真正的"以人为本"，两者统一于中国式现代化实践。改革开放以来，坚持"一个中心、两个基本点"的政策指导，依据广大人民群众的不同层次的真实需求逐步解决包括教育、医疗、住房、社会保障等人民切身利益、重大关切之实践证明：只有坚持以经济发展为中心才能更好地推进高质量发展的现代化进程。经济发展虽然不是高质量发展的全部内涵但却是首要内涵，没有经济发展，其他一切发展都将是无源之水、无本之木。"以人民为中心"的发展与"以经济建设为中心"的发展两者之间并非对立关系，而是目的与手段的辩证统一。经济发展是高质量发展的必然依托，高质量发展是经济发展的高阶要求，其最终目的是充分满足人民对美好生活广泛而真实的需求。当然在不同的发展阶段，以经济为中心的发展目标、内容、动力、路径是有所侧重的，正如马克思恩格斯所言：“一切划时代的体系的真正的内容都是产生这些体系的时代的需要。”①

三、中国“混联式”现代化中的“并联”方式

（一）中国“并联式”现代化的现实必然

中国作为后发现代化国家，其现代化具有发展时空的多重叠加性。中国式现代化是全面现代化，包括经济现代化、政治现代化、文化现代化、社会现代化、生态现代化等，“五位一体”是中国式现代化现实条件下的实践表达。改革开放开启了中国“并联式”现代化发展的历史进程；全球化提供了“并联式”发展的国际环境；信息化赋予了“并联式”发展的创新机遇；新时代坚定了“并联式”发展的深刻内涵。

从中国“并联式”现代化实践来看，从“一化三改”，经过党的十一届三中全会提出把全党工作重点转移到现代化建设上来；党的十六大提出“两化融合”；十七届五中全会提出“三化同步”；党的十八大提出“四化同步”；再到“新五化”。由此可见，中国式现代化的逐步升华最为关键的一点是得益于中国共产党科学的战略定位以及顶层设计的制度供给，才得以充分发挥了中国“混联式”现代化进程中的制度优势和后发优势。如何全方位、多领域统筹发展工业化、信息化、城镇化、农业现代化、生态绿色化等，充分发挥其“并联”现代化部分正的同频共振效应，是中国“并联式”现代化必须直面

---

① 马克思、恩格斯．德意志意识形态（节选本）［M］．北京：人民出版社，2018：91.

的现实问题。图3-2为中国"混联式"现代化中的并联模式。

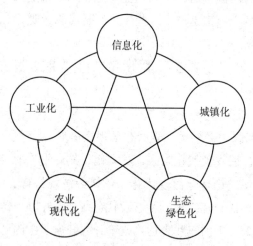

图3-2 中国"混联式"现代化中的并联模式

资料来源：笔者自制。

（二）以问题为导向先破后立

中国式现代化建设是"摸着石头过河"，初期阶段难以做到先立后破，同时也不可能选择西方现代化发达国家通过传统工业化和城市化需求引致农业现代化的发展路径，而只能选择基于和平稳定大局的渐进式推进方式。改革开放借鉴农村包围城市的民主革命道路的成功实践经验，先从农村这个突破口着手，家庭联产承包责任制的推出和户籍制度的逐步放松解放了大量农村剩余劳动力，倒逼工业化和城镇化。中国式现代化在较短时间要后来居上，必然是多重领域的叠加发展：大量农村剩余劳动力为工业化和城镇化提供了充足的廉价劳动力，工业化作为现代化转型的先导必然引致包括劳动力在内的市场要素流向工业密集分布的区域，客观上推动了城镇化水平的提高。工业化和信息化扩大了农业现代化所需的生产资料市场供给，而城镇化又进一步扩大了农产品市场需求，共同促进了农业现代化发展。生态绿色化注入了中国式现代化新时代发展理念，汲取了西方现代化过程中经济发展与生态保护零和博弈所付出的巨大生态环境代价的实践教训，推动了以总量增长为取向的现代化模式逐步向提质增效模式的转变。此外，不可否认的是，当前伴随着城镇化过程中农民非职业化而产生的与农业现代化需求相悖的农村"人地两空"，已经成为制约农村、农业现代化的现实短板，如果没有乡村真正意义上的振兴，中国式现代化短板就难以补足。

（三）以实践为导向先立后破

中国式现代化实践积累了较为广泛的经验，逐步由"摸着石头过河"的被动模式向主动模式转换。面对当前世界科技革命的快速变革、国际格局的复杂演变以及内涵复杂而丰富的"新冷战"思维的挑战和局部热战的国际环境变化，中国"混联式"现代化的"借鉴成本"越来越高。凡事预则立不预则废，对此我们必须逐步转变之前的战略思维，先立后破，独立自主地创新自己的现代化标准体系，站在世界现代化的高度，以实践赋言。坚持以制度创新为突破口，强大自我完善能力的先进制度需要在不断改革中日益巩固、完善和发展。坚持以体制机制创新为实践突破口，构建高水平社会主义市场经济体制，推动市场基础制度规则统一、市场监管公平统一、市场设施高标准联通的全国统一大市场；健全推动经济高质量发展体制机制，以国家标准提升新质生产力的全要素生产率；构建支持全面创新体制机制，强化企业科技创新主体地位，深化人才发展体制机制改革，形成具有国际竞争力的体制机制，引领中国"混联式"现代化发展。围绕2035年基本实现社会主义现代化以及新中国成立一百年建成社会主义现代化强国的战略目标，从需求意义上实现真正的发展战略自主；以全球现代化战略视野布局国内现代化格局；以基础创新、核心研发的新质生产力创新现代产业发展体系；以发展新理念、规则秩序新设计统筹质量和结构相协同的现代化。

四、中国"混联式"现代化的渐进发展

中国现代化渐进发展，只概而言之：①经济体制改革：渐进式改革是中国经济体制改革的重要特征之一，其中局地性试验是渐进式改革的重要方式。计划经济→有计划的商品经济→中国特色社会主义市场经济，使市场在资源配置中起基础性作用逐渐上升到市场在资源配置中起决定性作用。②三步走战略："三步走战略"→"新三步走战略"，邓小平于 1987 年提出了"三步走"发展战略：第一步到 20 世纪 80 年代末，实现国民生产总值比 1980 年翻一番，解决人民的温饱问题；第二步到 20 世纪末，使国民生产总值再增长一倍，人民生活达到小康水平；第三步到 21 世纪中叶，人均国民生产总值达到中等发达国家水平，人民生活比较富裕，基本实现现代化。在党的十九大上习近平总书记提出了新"三步走"战略，即到 2020 年全面建成小康社会；在 2020 年全面建成小康社会的基础上，到 2035 年基本实现社会主义现代化；从 2035 年到 21 世纪中叶，把我国建成富强、民主、文明、和谐、美丽的社会主义现代化强国。③总体布局："两手抓两手都要硬"→"三位一体"→"四位一体"→"五位一体"。标志着我们党在现代化进程中对共产党执政规律、社会主义建设规律、人类社会发展规律的认识逐步达到新的高度；充分展现了中国式现代化总体战略的渐进式推进特点。

第四章

中国式现代化是政治力量、资本力量和社会力量的融合

一、立足国情围绕生产力和生产关系的矛盾运动推动现代化进程

世界各国现代化正反两方面实践证明，没有脱离本国国情而成功的现代化捷径，成功的现代化道路必然是符合本国国情的正确选择。中国最大的国情是中国共产党的领导，中国坚持从本国实际出发，通过一代又一代中国共产党人和中国人民的长期不懈努力，积极探索适合本国国情的现代化道路。中国式现代化就是中国共产党领导下将马克思主义普遍真理与中国基本国情相结合而形成的中国特色社会主义现代化道路。

马克思运用建立在辩证唯物主义和历史唯物主义基础之上的生产力决定生产关系的矛盾运动规律，科学揭示了人类社会现代化进程在生产力与生产关系的矛盾运动发展的一般规律。当生产力与生产关系矛盾运动的主要方面表现为生产关系时，就要重点研究生产关系对生产力的阻碍作用，通过经济体制改革解放生产力；当生产力与生产关系矛盾运动的主要方面转化为生产力时，

就要重点研究生产力的创新驱动发展生产力。这种矛盾主要方面的转化在不同社会形态以及同一社会的不同发展阶段具有不同的表现形式。

马克思主义认为，社会主要矛盾是社会基本矛盾在不同社会发展阶段的集中体现。新中国的成立、社会主义制度的确立为中国式现代化奠定了最根本的政治前提和制度基础。马克思主义认为，生产力与生产关系矛盾运动的主要方面转化为生产力的发展时要"尽可能快地增加生产力的总量"。[①] 新中国成立后，生产力和生产关系的社会基本矛盾集中表现为"人民对于建立先进的工业国的要求同落后的农业国的现实之间的矛盾"。基于新中国成立初期一穷二白的物质基础、被全面封锁的国际环境以及抵御帝国主义侵略的现实需要这一基本国情，毛泽东指出："马克思主义必须和我国的具体特点相结合并通过一定的民族形式才能实现。……使马克思主义在中国具体化，使之在其每一表现中带着必须有的中国的特性。"[②] 对此以毛泽东同志为核心的党中央领导集体，决定实行高度集中的计划经济体制，选择了一条优先发展重工业的现代化道路，在不断实践探索中初步建立起了相对独立的工业体系和比较完整的国民经济体系，为中国式现代化建设积累了宝贵的经验并奠定了一定的经济基础。

虽然高度集中的计划经济体制在生产力水平极为低下的新中国成立初期，对推动我国国民经济发展发挥了重要的积极作用；但是随着生产力与生产关系矛盾运动集中表现为"人民日益增长的物质文化需要同落后的社会生产之间的矛盾"时，高度集中的计划经济体制越来越束缚了先进生产力的发展。邓小平果断指出："过去搞

---

① 马克思恩格斯文集（第2卷）[M]. 北京：人民出版社，2009：52.
② 毛泽东选集（第2卷）[M]. 北京：人民出版社，1991：534.

民主革命，要适合中国情况，走毛泽东同志开辟的农村包围城市的道路。现在搞建设，也要适合中国情况，走出一条中国式的现代化道路。……中国式的现代化，必须从中国的特点出发。"① 因此改革开放总设计师邓小平根据中国社会主义初级阶段的基本国情，提出了走社会主义市场经济的现代化道路。以农村改革为突破口通过全面而深刻的经济体制改革，从根本上改变了与生产力发展不相适应的经济体制，经济增长取得巨大的飞跃，中国式现代化道路初步成型，国际上各种充满自相矛盾的"中国崩溃论"不攻自破。

随着中国式现代化进入新时代，生产力和生产关系矛盾运动集中表现为"人民日益增长的美好生活需要和不平衡不充分的发展之间的矛盾"。以习近平同志为核心的党中央根据我国经济已由高速增长阶段转向高质量发展阶段的国情判断，坚持以高质量发展为我国经济社会发展主题推动中国式现代化进程。高质量发展必然要求不断提升新质生产力特别是科技进步对经济增长的贡献率，坚持创新是引领发展的第一动力，不断提高全要素生产率，并进一步通过制度创新推动科技创新特别是关键核心技术的创新大力发展新质生产力，充分激发科技作为第一生产力所蕴藏的巨大潜在生产力。二十届三中全会《中共中央关于进一步全面深化改革推进中国式现代化的决定》（以下简称《决定》）要求："以经济体制改革为牵引，以促进社会公平正义、增进人民福祉为出发点和落脚点，更加注重系统集成，更加注重突出重点，更加注重改革实效，推动生产关系和生产力、上层建筑和经济基础、国家治理和社会发展更好相适应，为中国式现代化提供强大动力和制度保障。"②

<hr>

① 邓小平文选（第二卷）[M]. 北京：人民出版社，1998：163 – 164.
② 中共中央关于进一步全面深化改革推进中国式现代化的决定 [M]. 北京：人民出版社，2024：3 – 4.

二、以中国共产党为领导核心的顶层设计得以统筹现代化发展战略

（一）一个广大人民得以信赖的权威政党的独立自主的正确领导是现代化建设顺利进行的必要条件

第二次世界大战结束以后，发展中国家现代化实践表明，要真正摆脱依附性模式谋求独立自主的现代化发展绝非易事。中国式现代化的设计、推进、形成和发展，最为核心的决定性因素是中国共产党独立自主的领导，基于对中国禀赋优劣的深刻认识，始终"把中国发展进步的命运牢牢掌握在自己手中"①，不断推进中国式现代化道路的实践探索。中国现代化发展的历史和人民选择了中国共产党的领导，这种选择使中国现代化既没有掉入拉美式现代化陷阱，也没有重蹈东欧休克式现代化覆辙。对中国共产党执政规律的认识与实践的探索是中国式现代化内在逻辑和实践的重要组成部分。中国共产党从诞生之日起就坚持全心全意为人民服务的根本宗旨，"中国共产党始终代表最广大人民根本利益，与人民休戚与共、生死相依，没有任何自己特殊的利益，从来不代表任何利益集团、任何权势团体、任何特权阶层的利益"。② 这在世界执政党史上是极其少有的。

（二）抓住"少数关键"永葆党的人民性和权威性

从各国执政党的历史和实践来看，一个不可回避的问题就是执政党自身的腐败，这几乎成了一个执政党特别是长时间执政党所面临的共性问题，腐败问题自然也是中国共产党巩固长期执政地位所

①② 习近平在庆祝中国共产党成立 100 周年大会上的讲话［N］. 人民日报，2021－07－02.

面临的最大威胁。恩格斯指出："国家权力对于经济发展的反作用可以有三种：它可以沿着同一方向起作用，在这种情况下就会发展得比较快；它可以沿着相反方向起作用，在这种情况下，像现在每个大民族的情况那样，它经过一定的时期都要崩溃；或者是它可以阻止经济发展沿着某些方向走，而给它规定另外的方向——这种情况归根到底还是归结为前两种情况中的一种。但是很明显，在第二和第三种情况下，政治权力会给经济发展带来巨大的损害，并造成大量人力和物力的浪费。"① 在世界各国现代化实践中，这三种情况均不乏其例，特别是因腐败问题而颠覆政权的案例在世界现代化建设中仍不在少数。总结党一百多年来的奋斗历程，中国共产党之所以能经得起各种风浪考验，获得人民衷心拥护并长期执政的领导地位，简而概之不外乎：一是对外接受人民的广泛监督；二是对内推进勇于执纪问责的自我革命。正如习近平所言："中国共产党的伟大不在于不犯错误，而在于从不讳疾忌医，敢于直面问题，勇于自我革命，具有极强的自我修复能力。"② 特别是党的十八大以来，全面落实新时代党的建设总要求，坚持以零容忍态度惩治腐败，全面推进"三不腐"从严治党的重要方略。更为重要的是要形成系统完备的制度约束和法治约束下的思想自觉、政治自觉、行动自觉的自觉性机制，只有如此才能保障党长期执政和国家长治久安，为全面推进中国式现代化进程提供坚强的政治保证。

（三）中国共产党集中统一领导下的民主集中制与核心领导集体英明果敢相结合的顶层战略设计掌控中国式现代化发展方向

中国式民主集中制不同于西方民主是某些集团利益代表通过

---

① 马克思恩格斯文集（第10卷）[M]. 北京：人民出版社，2009：597.
② 习近平. 论坚持全面深化改革 [M]. 北京：中央文献出版社，2018：325.

"资本选票"所作的特定政治安排。民主集中制是中国共产党的根本组织原则和领导治理制度，中国式民主集中制是中国共产党集中统一领导下的民主基础上的集中和集中指导下的民主二者辩证统一的实践创新：民主是集中的基础，在统筹兼顾各群体利益诉求的基础上，能充分发挥群策群力的最大化优势；民主不仅要求数量上的民主，更重要的是体现在质的广泛性上，只有充分结合量与质的民主才能集思广益形成统一的意志和行动。集中是民主的内在要求和逻辑归宿，也是民主得以实现的必要条件，集中并非完全根据少数服从多数的原则将多数人的意志简单加总，因为真理有时往往掌握在少数人手中，集中要在充分凝聚多数人建议的同时也要尊重少数人意见中的合理因素。正确的集中要求从民主基础上获得的各种分散的建议或意见中凝练出符合中国式现代化实践规律的真理性认识。中国式民主集中制是民主—集中的多层次循环和螺旋式上升的过程，从基层民主集中—中层民主集中—顶层民主集中，体现了实践—认识—再实践—再认识的内在本质。这就要求特别是对重大决策实行不同范围和不同级别的多次民主集中的讨论，以确保顶层战略决策设计的科学性、正确性和可执行性。

从民主集中制的实践来看，无论是遵义会议上针锋相对的相互批评后所作出的决定，还是"抗美援朝？"问题中的"少数正确"逆转为"多数正确"后作出的震惊世界的战略决策，毛泽东非凡的决断"打得一拳开，免得百拳来"。[①] 是被实践证明了的中国共产党一以贯之民主集中制与核心决策者非凡战略胆魄相结合的成功典范。正如邓小平所说"没有毛主席就没有新中国，这丝毫不是什么夸张。没有毛泽东思想，就没有今天的中国共产党，这也丝毫不是

---

① 毛泽东年谱（1949—1976）（第一卷）［M］. 北京：中央文献出版社，2013：230.

什么夸张"。① 抗美援朝的胜利为中国赢得了几十年和平发展的基础。习近平《在纪念中国人民志愿军抗美援朝出国作战 70 周年大会上的讲话》中指出："经此一战，拼来了山河无恙、家国安宁，充分展示了中国人民不畏强暴的钢铁意志！"

以邓小平同志为核心的党中央领导集体以其极大的战略勇气通过有效的民主集中制在"拨乱反正"的背景下，成功召开了党的十一届三中全会，开辟了中国特色社会主义道路，并在此基础上进一步坚定了社会主义市场经济的发展方向。邓小平指出："人民群众提出的意见，当然有对的，也有不对的，要进行分析。党的领导就是要善于集中人民群众的正确意见，对不正确的意见给以适当解释。"② 同时创造性地提出"一国两制"的伟大构想，被毛主席喻予为"钢铁公司"的邓小平在 1982 年与号称"铁娘子"的英国前首相撒切尔夫人就香港回归问题谈话时毫不客气地指出："我们还考虑了我们不愿意考虑的一个问题，就是如果在十五年的过渡时期内香港发生严重的波动，怎么办？那时，中国政府将被迫不得不对收回的时间和方式另作考虑。如果说宣布要收回香港就会像夫人说的'带来灾难性的影响'，那我们要勇敢地面对这个灾难。"③ "一国两制"为实现祖国和平统一开辟了新的途径，并在实践上取得了举世公认的成功。这些经典实践赋予了民主集中制与核心领导集体高瞻远瞩的战略胆魄相结合的历史光辉。

习近平新时代全过程人民民主以发扬民主为基础，以正确集中为核心，是与马克思主义民主集中制一脉相承的理论与实践的创新。当然全过程人民民主的制度化、法治化仍然是一个不断渐进完善的过程，在贯彻民主集中制的过程中虽然还存在着"发扬民主不

①　邓小平文选（第二卷）[M]. 北京：人民出版社，1993：148–149.
②　邓小平文选（第三卷）[M]. 北京：人民出版社，1993：145.
③　邓小平文选（第三卷）[M]. 北京：人民出版社，1993：14.

够、正确集中不够、开展批评不够、严肃纪律不够"。① 但是，"全过程人民民主是社会主义民主政治的本质属性，是最广泛、最真实、最管用的民主"。② 实践中以建立在基层民主基础上的人民代表大会制度为制度载体推进全过程人民民主，形成了"五位一体""四个全面""一带一路""人类命运共同体"等一系列科学正确的战略决策，是被实践证明了的新时代全过程人民民主的经典理论和成功实践。总之，中国共产党救国、建国、兴国以及正在走向强国的实践充分表明，民主是解放思想的重要条件，民主集中制是中国共产党治国理政的重要法宝之一。

三、坚持政治力量、资本力量和社会力量融合推进中国式现代化发展

（一）强有力的政治权威是现代化建设顺利进行的必备条件

第一，制度优势。中国式现代化历史和实践充分表明，没有中国共产党就没有中国特色社会主义。社会主义制度的建立，为中国式现代化建设和发展奠定了决定性基础。改革开放不断完善和发展了中国特色社会主义制度，为中国式现代化发展提供了坚实的制度保障。进入新时代，把制度建设放在更加突出的位置，贯穿于新时代建设的各个方面，凸显了中国式现代化建设的制度优势。第二，治理优势。在国家治理体系和治理能力现代化持续推进过程中，全

---

① 习近平关于严明党的纪律和规矩论述摘编 [M]. 北京：中国方正出版社、中央文献出版社，2016：35.

② 习近平. 高举中国特色社会主义伟大旗帜 为全面建设社会主义现代化国家而团结奋斗——在中国共产党第二十次全国代表大会上的报告 [M]. 北京：人民出版社，2022：37.

过程人民民主正在现实地体现到实现人民对美好生活向往实践的各个环节。权威高效的民主监督与覆盖广泛的群众举报相结合的监督体系在政治生活和社会生活中发挥着越来越大的作用，创造着人类政治文明的新形态。第三，战略性政策的稳定性。政策是社会管理的依据，中国政治力量的决策中心始终能够站在历史高度放眼未来，着眼于中国式现代化发展大局，制定科学、正确的战略性政策，以此引导资本力量和社会力量的合理预期。不仅可以减少各领域的资源内耗，还可以避免由于政策的摇摆和不稳定而带来巨大的发展风险。

（二）　资本是市场经济中集聚各类生产要素配置的重要纽带

国有资本和非国有资本在我国现代化经济体系中担当着重要的角色，如何引领和发挥不同资本力量的发展方向，一直都是中国经济改革发展的关键性问题。党的十五大把"公有制为主体、多种所有制经济共同发展"确立为我国的基本经济制度，民营经济的地位得到正式确认。习近平对"亲清新型政商关系"①的精辟概述以及党的十九大报告首次明确提出"要支持民营企业发展，激发各类市场主体活力"，为非国有资本指明了发展的方向，也坚定了民营资本发展的信心。民营资本经历了从无到有、从小到大、由弱变强的艰难发展历程，成为推动中国式现代化进程的重要支柱。党的二十届三中全会《决定》进一步明确要求：坚持和落实"两个毫不动摇"。毫不动摇巩固和发展公有制经济，毫不动摇鼓励、支持、引导非公有制经济发展，保证各种所有制经济依法平等使用生产要素、公平参与市场竞争、同等受到法律保护，促进各种所有制经济

---

① 习近平. 习近平谈治国理政（第二卷）［M］. 北京：外文出版社，2017：264 - 265.

优势互补、共同发展。①

国有资本凭借其在战略性经济领域雄厚的资本优势，对于稳定经济环境大局具有无可比拟的先决条件，可以为民营资本投资赢得灵活发展、相对安全的市场空间，可以充分激发民营企业具有的机制灵活、市场适应能力强的优势。世界各国企业发展实践证明，混合所有制是一个较为理性的选择。因此，要努力推动国有企业和民营企业之间的资本融合、人事融合和管理融合，做强国有企业和壮大民营企业融合发展，以避免其直接的市场竞争。切实解决民营企业所面临的被习近平总书记形象喻为"三座大山"②的现实困境。提升引导和利用资本的能力，不断超越资本的现代性。③党的二十届三中全会《决定》："鼓励和规范天使投资、风险投资、私募股权投资，更好发挥政府投资基金作用，发展耐心资本。"④形成国有资本与民营资本优势互补、融合发展的新时代双赢格局。

（三）中华文明之"气"成为推动中国式现代化取之不竭、用之不尽的民族软实力

在中国现代化进程中，经济保持了长期稳定的增长。从市场来看其直接的决定因素是资本、劳动和技术，但中国传统文化和社会主义核心价值归因也是不容忽视的。正如习近平所说："当年抗美援朝，毛主席用诗意的语言总结胜利之道：敌人是钢多气少，我们是钢少气多。"⑤这种"气"，就是中华民族的凝聚力和战斗精神。

---

① 中共中央关于进一步全面深化改革推进中国式现代化的决定 [M]. 北京：人民出版社，2024：7.

② 习近平谈治国理政（第二卷）[M]. 北京：外文出版社，2017：261.

③ 张亚光，毕悦. 中国式现代化的百年探索与实践经验 [J]. 管理世界，2023（1）：52.

④ 中共中央关于进一步全面深化改革推进中国式现代化的决定 [M]. 北京：人民出版社，2024：11.

⑤ 习近平谈治国理政（第三卷）[M]. 北京：外文出版社，2020：101.

政策统筹协调机制，深化财税、金融体制改革，优化产业政策等一系列调整措施，健全宏观经济治理体系，推进中国式现代化高质量发展。

（一）完善宏观经济战略规划体系和政策统筹协调机制

2024 年 7 月党的二十届三中全会《中共中央关于进一步全面深化改革推进中国式现代化的决定》明确指出："科学的宏观调控、有效的政府治理是发挥社会主义市场经济体制优势的内在要求。必须完善宏观调控制度体系，统筹推进财税、金融等重点领域改革，增强回归政策取向一致性。"[①] 在提升经济增长的质量和数量边际效应的过程中，形成经济增量政策和存量政策合力，维持经济发展的动态平衡。宏观经济政策取向的不一致或者是央、地政策的不协调，常常让经济主体难以适从，带来了市场预期的不确定性。因此，无论是经济政策还是非经济政策抑或是两者的组合，应确保不同领域和层次的政策相互协同，释放清晰而明确的市场信号，为市场主体提供稳定、连续的预期，以维护高效的市场运行和弥补市场失灵。

1. 构建和完善统一的宏观经济信息质量标准体系。从指标维度来看，首先指标的真实可靠性要求宏观经济信息必须与客观存在的经济事物相对应，而这种信息的真实可靠性直接依赖于原始数据来源的真实可靠。从收集数据的组织方式来看，主要有普查、抽样调查、统计报表制度和重点调查等。其中统计报表制度是根据统计要求自上而下统一布置、自下而上提供统计资料的一种调查方法，通过这种方法所得到的统计数据的真实可靠性很大程度上依赖于基层

---

① 中共中央关于进一步全面深化改革推进中国式现代化的决定 [M]. 北京：人民出版社，2024：17.

人员较强的专业素质、高度的责任心和可靠的信用度。统计数据是国家宏观经济治理的重要依据，统计造假或数据失实会严重影响统计数据质量，干扰甚至误导宏观经济决策。虽然国家统计局采取了包括建立地区 GDP 联审制度、《地区生产总值统一核算改革方案》以及与之配套的《季度地区生产总值统一核算方案》和《年度地区生产总值统一核算方法》等多种举措。但由于基层单位会计、统计、业务核算等专业人员相对不足，现实中的数据造假、主观虚构、报表推演甚至"拍脑袋"定数据的现象仍不乏其例。另外，指标内涵必须严格一致。指标内涵的不一致性会改变国民经济核算中一些交易的记录方式，对我国国民经济核算体系中一些重要指标产生较大影响。比如在某些领域、部门指标体系中由于所使用的"资本""资金""资本金""资产"概念混淆所导致的指标解释含义存在歧义，造成指标意义混乱。其次，指标的适应性。现行《中国国民经济核算体系（2016）》是为了更好适应宏观经济治理和社会公众对国民经济核算新的需求，使之与新的国际标准相衔接，修订了原核算体系中的基本核算指标并改进了基本核算方法，实现了对我国国民经济核算体系的重大改革。特别是为适应新质生产力的内在要求，国家统计局对经济发展新动能指标体系内容、一级指标的权重、基期等做了相应的修订。但是，宏观经济信息质量指标尚未被纳入国民经济核算体系，应该在创新驱动指数、网络经济指数、转型升级指数、经济活力指数基础上，进一步完善反映宏观经济信息质量的专业指数。通过不断完善宏观经济国家治理标准体系，规范地方标准的制定及管理，更好发挥标准对宏观经济发展的引领作用。

2. 健全宏观经济预期管理机制。当今世界变乱交织，各种安全挑战复杂严峻，未来变化的不确定性、不可预见性显著增加，贸易保护主义、排他主义等"逆全球化"趋势明显。因此，需要不断深化宏观经济治理机制以主动应对国际、国内经济形势发展的新变化。从 2022 年党的二十大报告"必须更好发挥法治固根本、稳预期、利长远的保障作用",到 2023 年中央经济工作会议"多出有利于稳预期、稳增长、稳就业的政策",再到 2024 年党的二十届三中全会《决定》"健全预期管理机制",强调在宏观经济政策方面要逆周期和跨周期调节,从过去的稳增长、稳就业、稳物价的"老三稳"调整为稳预期、稳增长、稳就业的"新三稳"政策。

经济高质量发展需要安全稳定的宏观环境,对经济波动和总供求失衡的判断不仅要基于既有现实,更需要延伸到未来预期的管理。随着大数据和信息技术的广泛应用以及政策执行透明度的提升,经济主体不仅对宏观经济整体运行状况的关注度和敏感性在不断提升,而且社会预期变化也越来越成为影响未来经济运行的敏感因素。在金融市场,投资者的投资决策往往会基于对未来市场走势的预期进行选择;在消费需求领域,消费者也会根据对未来收入预期以及政策变化预期有选择性地进行消费。根据预期理论,预期的形成是核心环节,不同群体对预期的判断能力及其敏感性是有差异的,对经济运行走势的影响力也不同。因此,在宏观经济预期管理中,广泛了解社会预期对于制定有效的经济政策至关重要,通过不断完善的预期管理机制引导公众对未来经济发展形成稳定合理的正向预期。进行预期管理需要建立不同的相关机制:第一,完善预期信息收集与评估机制。社会预期管理部门要畅通公众诉求表达渠道,及时了解不同预期主体的不同利益诉求;利用信息咨询机构、专业调查机构、行业协会、网络调查等各种工具和手段收集公众的社会预期,并对预期信息进行评估形成带有普遍性的预期结论。第二,健全预期回馈协调机制。针对社会预期的形成和变化,深入剖析产生的原因和变化的规律。通过科学有效的协调机制,及时、准确地向社会公布各项改革政策的实施目标和更加明确的政策意图,避免信息的模糊性和不确定性,从根源上减少非理性社会预期的产生和传播。正确引导经济主体合理调整自身的经济行为，并有序参与到社会管理中形成稳定的预期以提振市场信心，从而使政策的传导机制更加顺畅有效。第三，优化预期管理的政策体系和机制。要兼顾短期目标和中长期规划，优化经济政策和非经济政策组合，综合逆周期和跨周期调节目标，更加关注宏观经济发展的微观基础；不断丰富预期管理的政策工具箱，进一步完善预期管理政策体系，优化宏观政策的预期传导机制，提高预期管理效果与宏观政策取向的一致性。

3. 加快构建全国统一大市场。党的二十届三中全会《决定》进一步部署了构建全国统一大市场的重大改革举措。构建高效规范、公平竞争、充分开放的全国统一大市场是推动中国式现代化高质量发展的重要保障。其中，要素流通市场是整个统一大市场体系的基础，是激发市场活力的关键。因此，要根据不同生产要素的市场属性，进一步推动要素市场化改革：第一，当前土地要素的市场化流动约束过多，使得土地资源的市场化配置效率低下；因此，土地市场化改革必须打破行政区划限制，统一规划城乡国土空间编制，完善城乡土地要素一体化管理体制。第二，坚持资本要素市场化、法治化改革方向，进一步规范股票、债券、期货等行业市场基础制度；完善股票、债券等资本要素市场违约处置机制；同时稳步推进人民币国际化。第三，人力资源要素市场，受户籍、地域、身份、档案人事关系等制度的制约以及选人用人机制的不透明等因素，严重影响着劳动力和人才的社会流动性。改革需制定以职业能力为核心的职业标准。在目前选人用人中比较通行的是初试和复试两阶段机制，改革需将复试成绩的权重降低到，以此排除复试的偶然性、片面性以及一些人为暗箱操作等因素的干扰对选人用人的影响。另外，自 2020 年 1 月 1 日起施行的《事业单位人事管理回避规定》的"显性回避"比较容易规避，问题的核心是在中国这种熟人社会中那种不公平、不透明的"隐性交互安插"用人现象在现有机制下很难查处和有效规避，需要大胆而全面的探索治理，进一步规范人力资源市场体系，畅通人才交流合作机制。第四，技术要素市场化改革要重点围绕科技成果产权制度这个核心，制定统一的科研成果评价市场化和社会化标准；改革科研项目立项、成果评审制度。科研项目能否立项应该以其成果是否符合市场需求为依据，更加注重科研成果的战略前瞻性、市场需求和实用性，改革当前"重立项轻成果"的组织实施方式。建立和完善统一的科技成果转化机制，优化科技成果转化流程，建立统一的科技成果转化交易平台，降低科技成果转化的市场化成本。总之，需要根据不同生产要素的市场属性，进一步推进生产要素按照市场贡献大小决定相应的要素报酬的机制改革，引导生产要素向新质生产力集聚，实现要素效益最大化和市场效率最优化。

（二）深化财税体制改革

党的二十届三中全会《决定》第十七条提出要深化财税体制改革，并从健全预算制度、优化税制结构、完善财政转移支付体系、深化税收征管改革等方面做出了总体部署。现代税收制度是国家治理体系和治理能力现代化的内在要求，也是影响资源配置的重要基础制度。

1. 健全财政预算制度提升现代化预算管理水平。截至 2023 年末，政府法定负债率为 56.1%，虽然低于国际通行的 60% 警戒线，但一些地方债务规模较大、债务风险较高，容易造成风险隐患。当前存在的问题主要表现在：第一，由于预算体系不健全，预算统筹不到位，预算约束弱化所导致的预算功能不力。第二，由于各级政府间财政关系和事权划分不明确，管理标准不统一，很容易导致财政事权界定上的随意性。第三，预算法对地方政府债务发行、使用和管理的规定比较原则，市场化约束机制不健全，相关配套法规制度不完善，很容易导致执法问责难以落实到位。对此，首先，健全政府预算体系，加强收入统筹，深化零基预算改革，将政府的全部收入和支出纳入预算，全面精细化预算编制。同时要全面提高预算管理现代化水平，依托预算管理一体化系统实现预算项目的全口径管理。其次，明确建立权责清晰、衔接一致的中央和地方财政关系，理顺各级政府之间事权和财权的关系，加强源头管理，构建以货币核算而非实物核算为主的转移支付闭环管理链接体系，进一步完善央、地财权与事权的匹配功能。最后，强化政府债务管理法律约束，严格落实终身问责、倒查责任的问责机制，推进法定债务和隐性债务合并监管；尤其要深化省级以下财政体制改革，严控地方政府债务规模，坚决遏制地方隐性债务增量，加快建立全口径地方债务监测监管体系和防范化解隐性债务风险长效机制，规范债务管理。

2. 优化税制结构。深化财税体制改革是健全宏观经济治理体系的重要内容。首先，我国税制是以间接税和直接税为双主体的税制结构。直接税和间接税是两种不同的税收形式，直接税政策效果主要是调节收入分配，而间接税政策效果主要是促进商品和服务的生产与消费。有研究发现我国的基尼系数在经过税收和财政的二次分配调节后有上升的现象，这说明我国的税收政策在调节居民收入分配方面的调节力度有限、调节效应不充分。当前我国的间接税比重仍然较高，而间接税实际上具有"价格税"的特征，这种包含"价格税"在内的税制结构难以精准反映资源配置的市场信息，甚至有可能会误导宏观经济治理决策的调整取向。当前税改的难点和重点仍然是直接税改革，要在税负保持基本稳定的前提下逐步增加直接税比重，通过税制的优化，使税收负担分配结构更加公正、公平。其次，健全直接税体系，提高实际高收入自然人纳税比例，完善综合和分类相结合的个人所得税制度。根据《中华人民共和国个人所得税法》的规定，个人所得税的起征点为 5000 元，所得税税率实行七级累进，在此基础上还可以扣除包括 3 岁以下婴幼儿照护、子女教育支出、继续教育支出、大病医疗支出、住房贷款利息或住房租金以及赡养老人等 6 项专项附加。现在个人的收入来源呈现出多元化结构，要适时调整规范经营所得、资本所得、财产所得税政策，如果仍然采用分类所得税制计算其纳税能力显然是不全面不充分的。另外，直接税的财产税类中，房地产税的立法工作持续了很多年仍然未完成立法，除了改革试点地区以外其他所有地方的房地产税负仍然为零。房地产在高收入阶层个人财产中所占比重较高，房地产税的缺失相对而言无疑会降低高收入阶层的税负比重反而相对提高中低收入阶层的税负。

（三）深化金融体制改革

二十届三中全会《决定》第十八条提出"深化金融体制改革"。金融体制改革涉及金融调控、金融市场、金融机构、金融监管、金融产品和服务以及金融基础设施等多个方面。当前，金融领域仍然面临着一些突出问题：金融风险隐患较多、风险预警数据不敏感、金融宏观风险统计基础较为薄弱；金融监管制度的层级和效力较低，前瞻性、协同性不充分，部分金融活动仍然游离于金融监管之外；金融治理能力薄弱，特别是地方金融组织属地监管责任难以有效落实；金融腐败和金融欺诈隐蔽性更强；金融服务与实体经济适应性不足使得大量资金沉淀于金融体系；金融产品和服务的设计难以满足客户个性化、差异化需求等。

1. 加快完善现代中央银行制度畅通货币政策传导机制。现代中央银行是金融体系中枢，要更加注重维护币值稳定，更加注重运用市场化、价格型间接调控方式，更加注重财务独立性和可持续性，更加注重预期管理，更加注重加强宏观审慎管理，防范化解系统性金融风险，维护金融体系整体稳定。维护币值稳定和金融稳定是中央银行的职能定位，这种定位要求需使机构设置更好地服务于管理功能，不断优化资金供给结构把更多优质金融资源用于创新驱动发展战略、区域协调发展战略、生产性服务业以及安全等领域。不断优化融资结构更好地发挥资本市场枢纽功能，大力发展多元化股权融资促进长期资本的稳定形成。从而引导市场化利率由短期、中期再到长期的传导机制，通过顺畅的利率传导加强货币供应总量和结构双重调节，形成合理联动、比较稳定且有弹性的市场化利率体系，降低货币政策的时滞效应同时加强货币政策的有效性和传导力。

2. 深化金融供给侧结构性改革，加快机构合理的多层次金融市场发展。第一，健全多层次债券市场体系。遵循债券市场规律，依据融资供给、投资需求、债券产品以及融资服务的多层次性，不断提升债券市场功能。坚持以机构投资为主的发展模式，不断丰富债券层次和产品谱系以满足不同主体的个性化需求，充分发挥投资主体多元化效应。运用市场化运行机制，拓宽企业直接融资渠道，提升直接融资比重，特别是创新民营企业和中小企业债券融资功能。统筹规划公司信用类债券市场，引导金融资源向科技创新等领域倾斜，不断优化社会融资结构；同时要使用好超长期特别国债和地方政府专项债，更好发挥政府投资带动作用促进经济增长。第二，推动货币市场健康稳定发展。货币市场是金融市场的重要组成部分，主要包括政府、银行及工商企业发行的短期信用工具，能较好地满足微观经济主体季节性和临时性融通需求。因此，要不断营造良好的货币金融环境，充分发挥其流动性强和风险小的特定功能以及货币政策传导功能的基础性作用。要着力防范化解输入性金融风险特别是系统性金融风险，守住不发生系统性金融风险底线，同时深入参与国际金融治理，提升开放条件下的金融安全。第三，扎实推进人民币国际化。我国经济近年来对世界经济增长的贡献率一直保持在 30% 左右，中国是全球最大贸易进出口国，又是全球 75% 的国家最大贸易对象。虽然近年来人民币国际化的进程有所加快，但总体上仍然与中国经济在世界经济中的地位以及对世界经济的贡献不相匹配。从国际储备货币方面来看，根据 2022 年 8 月 1 日正式生效的国际货币基金组织 5 年一次的最新特别提款权（SDR）货币篮子的数据，美元权重由 41.73% 升至 43.38%，欧元权重由 30.93% 降至 29.31%，人民币权重由 10.92% 上调至 12.28%，人民币权重仍保持在第三位。另据南开大学携手中国人民大学举办的 2024 国际货币论坛上发布的《人民币国际化报告 2024》显示，2023 年人民币国际化指数（RII）季度平均值为 6.27，同比增长 22.9%。随着中国经济的稳定发展，人民币信誉以及国际金融影响力的不断提升，人民币国际化趋势越发强劲，这是中国建设金融强国的必然要求。实践中人民币国际化要以企业自主选择为基础，充分利用"金砖组织"和"一带一路"深化双边货币合作；进一步完善人民币跨境投融资、交易结算等制度和基础设施，稳步推进人民币国际化。

（四）调整优化产业政策

改革开放以来，我国的产业政策主要以发展为目标。世界之变、时代之变正以前所未有的方式演化，面对当前的复杂环境，中央经济工作会议明确提出产业政策要发展与安全并举，要求以高质量发展促进高水平安全，以高水平安全保障高质量发展，坚持高质量发展和高水平安全良性互动。

1. 加快以制造业重点产业链的高质量发展引领传统产业转型升级。首先，从前瞻性布局战略性新兴产业，以发展数字技术和量子技术为核心，开拓量子、深空等战略性产业，大力培育新型支柱产业，加快构建新发展格局。其次，在新一轮全球治理体系变革中，要积极主动拓展新的国际产业生态圈，以"一带一路"为纽带，打造共商共建共享的现代化产业发展体系。2024 年 9 月《中非合作论坛—北京行动计划（2025—2027）》提出，在未来三年实施"中非携手推进现代化十大伙伴行动"，产业链合作伙伴行动就是其中之一，以此推动中非产业合作新的增长极，打造中非产业合作增长圈。另外，充分利用中老铁路、雅万高铁等形成互补，构建起一条从北到南、贯穿东南亚的物流大通道，为保障国际供应链、产业链安全畅通提供更多的选择。东盟作为中国第一大贸易伙伴，东南亚通道建设将进一步缩短中国与东盟、中东、非洲及欧洲的海上距离，成为我国重要的战略备份之一，这将要求我们重新布局区域内产业链的整合与升级，打造中国东盟新的产业合作带，提升我国产业链、供应链韧性和安全水平。

2. 推动形成以科技创新和产业创新双向融合的新质生产力体制机制。首先，以科技创新引领产业创新。根据 2024 年 8 月 27 日世界知识产权组织根据《专利合作条约》公开的专利申请中发明人所在地和已发表科技论文的作者所在地这两个指标发布的《2024 年全球创新指数报告》显示，中国拥有 26 个全球百强科技创新集群，全球百强科技创新集群数量连续第二年位居世界第一；其中在全球十大科技创新集群榜中，中国深圳 - 香港 - 广州城市群位列第二，中国北京升至第三。科技创新集群是国家创新生态系统的重要基础，从我国科技创新集群分布格局来看，形成全国统一的科技创新集群仍然有很大提升空间。科技创新往往具有前瞻性和未来性，可以引领产业创新更好地了解未来科技的发展态势以及对产业格局的影响，引导产业未来发展规划。以知识形态存在的技术生产力能否得以顺畅地转化为现实产业新质生产力，除了科技创新成果的市场需求价值本身的因素之外，关键在于科技成果转化机制及其应用机制。从当前实际来看，面临的主要困境是：基础研究与应用研发的结构性矛盾仍然突出，科技成果的转化路径复杂，转化费用较高以及转化体制机制约束较多，难以与产业的市场需求对接。为此，要长短期结合、基础研究与应用研发并举，提高基础研究占科技支出的比重。要体系化整合创新资源、前瞻布局核心技术攻关、链条式构建科技成果转化体系。① 探索畅通教育、科技、人才良性循环新机制，推动人才链、创新链、产业链深度融合创新模式，进一步优化科技资源向重大项目攻关任务精准配置的制度安排，使科技成果与产业市场需求精准对接。由此通过科技创新开拓新的生产领域、创造新的产品和服务、提高现有产业的技术含量和价值链水平。②

其次，构建产业创新需求导向型的技术创新体系。现代化产业体系是支撑中国式现代化发展的重要物质基础。以问题为导向，将产业创新的"瓶颈问题"转化为科技创新的研发动力。当前现代化产业创新体系建设面临着：产业政策和创新政策不协调的矛盾依然突出、全面自主创新模式尚未形成以及美西方国家对我国产业创新的无端打压所面临的国际环境恶化等。因此，需要不断优化我国产业创新生态，健全用产业布局政策引导科技创新布局政策机制，建立科技人才梯度培养机制和高科技人才引进、储备体系。建立产业创新需求——科技创新供给的融合传导机制，将国家发展战略需要和产业创新的市场需求通过这种传导机制有效转变为科技创新的研发动力，推动创新政策与产业政策的协同发展。

---

①　李志坚. 用科技创新为新质生产力"蓄势赋能"［J］. 新湘评论，2023（20）：21 - 22.

②　曹裕，寇芙柔，张文静. 以科技与产业融合创新推动湖南特色新质生产力发展的路径研究［J］. 湖南社会科学，2024（3）：26.

第五章

中国式现代化成功破解了人类现代化实践的诸多难题

一、成功破解了"现代化＝西方化"悖论

（一）以资本为中心的西方现代化

由于西方国家率先启动了现代化历史进程，凭借其先发优势长期主导着现代化的发展方向，形成了所谓现代化就是西方化的思维定势，以西方现代化为范式，似乎为非西方国家设计出了一条标准的现代化之路。说到底其本质上是为西方资产阶级统治世界制造历史合法性说教。① 建立在生产资料私有制基础上的资本雇佣劳动是资本主义贫困性悖论的核心变量，在资本主导的全球化背景下，资本为了满足无限增殖的欲望，接受雇佣的劳动者完全被束缚在资本增殖逻辑的严密控制机制之中，随着现代化程度的不断提高，劳动者日益被物化为机械性生产工具。资本的无限扩张，在全球范围内

---

① 裴长洪，倪江飞．中国式现代化理论是马克思主义的创新发展——党的二十大精神学习中的思考［J］．经济研究，2023（2）：5．

通过新植入市场手段形成了对劳动者剩余劳动的占有，进一步导致了全球性贫困问题并呈现出更为深刻的新特征。西方资本主义现代化以资本为中心的逻辑规制是导致现代社会财富两极分化的根源，两极分化是资本主义现代化无解的内生矛盾。"资本的垄断成了与这种垄断一起并在这种垄断之下繁盛起来的生产方式的桎梏。生产资料的集中和劳动的社会化，达到了同它们的资本主义外壳不能相容的地步。这个外壳就要炸毁了。资本主义私有制的丧钟就要响了。"① 事实上西方现代化理论指导下的西式现代化范式的唯一性不断被现代化实践所证伪，第一次世界大战后的东欧，第二次世界战后的部分伊斯兰、非洲和南亚国家以及俄罗斯等，照搬西方现代化模式谋求现代化发展捷径，可悲的是无一例外均以失败而告终。由于各国现代化的历史禀赋不同、起点不同、发展阶段不同，决定了各国现代化的发展模式不尽相同。因此西式现代化并不是人类现代化唯一的范式选择。

（二）以人民为中心共同富裕为目标的中国式现代化

中国式现代化是马克思主义的现代化，其"中国式"从根本上来说就是基于中国特色社会主义的，其本质要求就是共同富裕。社会主义现代化与资本主义现代化的本质区别就在于，它是"绝大多数人的，为绝大多数人谋利益"的。社会主义现代化作为人类社会发展的一种新的现代化模式，其建立和发展也必然离不开以"物——商品和市场"为媒介的依赖，这也是人类社会实现其经济富强的一般性基础条件。中国式现代化在充分发挥市场这只"无形之手"对资源配置的决定性作用，同时更好地发挥了政府这只"有形之手"作用；坚持分配制度是促进共同富裕的基础性制度，构建初次分

---

① 马克思恩格斯文集（第5卷）[M]. 北京：人民出版社，2009：874.

配、再分配、第三次分配协调配套的基础性制度安排，充分利用分配制度和再分配机制的激励作用，是促进全体人民共同富裕的现代化。2020 年全面建成小康社会，历史性地解决了绝对贫困问题，实现了第一个百年奋斗目标，成为以人民为中心共同富裕为目标的中国式现代化对以资本为中心的西式现代化悖论性贫困成功破解的实践典范。不仅如此，以习近平同志为核心的党中央对实现全体人民共同富裕进一步做出了系统筹划和战略安排：一是到"十四五"末，全体人民共同富裕迈出坚实步伐；二是到 2035 年全体人民共同富裕取得更为明显的实质性进展；三是到 21 世纪中叶，全体人民共同富裕基本实现。这就是以人民为中心共同富裕为目标的中国式现代化的现实价值。中国式现代化为人类探索现代化实践创立了全新的模式，开创了不同于西式现代化的全新路径，打破了"现代化＝西方化"的悖论定式，从而为非西方国家特别是广大发展中国家探索现代化道路提供了全新选择。

二、成功破解了政府和市场关系这个经济学世界性难题

（一）西方经济学理论体系

西方经济学整个理论体系以及各流派的发展，不外乎是在人性假设基础之上，依据"假设—推演—结论—革命与反革命"的理论逻辑，形成了"自由放任经济理论"与"政府干预经济理论"之间两种理论范式的某种交替与组合，甚至可以说是正确与谬误的矛盾混合体系。"古典革命"以来，亚当·斯密《国富论》创立了第一个资产阶级经济学的理论体系，认为自由竞争的市场机制能够保证市场的完全出清，使全社会的经济资源得到充分有效的最优配置，资本主义市场经济不可能存在长期生产相对过剩和大量失业；

从而反对政府干预一切经济活动，主张政府的作用只是充当私有财产和个人经济活动的"守夜人"。但是，1929～1933 年这场史无前例的世界经济大危机，宣告了供给能自动创造需求的"萨伊定律"的破产。"凯恩斯革命"以来，《通论》的出版创立了西方宏观经济学理论，认为国民收入决定于就业量，而就业量则取决于有效需求；政府对经济的干预应以总需求管理为主，放弃自由放任经济政策。但是，20 世纪 60 年代中期后资本主义经济出现了大量失业与剧烈通货膨胀并存的"滞胀"现象，标志着凯恩斯需求能创造供给理论的失灵。

建立在"经济人"假设基础之上的"自由放任经济理论"和"政府干预经济理论"强调"经济人"完全信息前提下的独立与自由，认为"有意"的私人利益追求，会在"无意"中增进整个社会的富裕，而且追求私人利益最大化是社会利益最大化的唯一手段和途径。然而，西方经济学理论其经济哲学层面的根本缺陷是一定意识形态下的"经济人"假设，原因在于"经济人"假设忽视了经济主体之间利益关系的复杂性和社会关系的多面性。事实上，每一个经济行为主体并非完全信息下的独立与自由，而是处于一定社会关系并受其约束的自然人与社会人的总和。马克思经济学的世界观方法论认为，经济学的研究假定是特定生产力与生产关系矛盾运动中的人，正如马克思所说："人的本质不是单个人所固有的抽象物。在其现实性上，它是一切社会关系的总和。"① 在以资本为中心的西方经济学理论指导下，无论是"无形之手"还是"有形之手"，其结果必然是劫贫济富，造成社会的全面两极分化。在当前贸易保护主义抬头、反市场化、逆全球化潮流兴起背景下，全球化治理中市场和政府双重失灵效应尤为明显，全球化治理赤字日益加剧。

---

① 马克思恩格斯选集（第一卷）［M］. 北京：人民出版社，1972：18.

（二）马克思主义中国化、时代化

中国式现代化实践不断推进马克思主义中国化、时代化，创立了毛泽东思想、邓小平理论形成了中国特色社会主义理论体系，创立了习近平新时代中国特色社会主义思想。市场与政府之间的关系问题一直是中国化、时代化马克思主义理论体系所探讨的重要课题："计划经济为主、市场调节为辅"——"确立市场对资源配置的基础性作用"——"确定市场在资源配置中起决定性作用"——"推动有效市场和有为政府更好结合"。有效市场与有为政府辩证统一的中国方案，充分发挥了市场和政府的双重优势。在尊重市场经济发展的客观规律基础上，以政府主导的国民经济发展五年规划及更长远的战略规划，力求现代化各方面在协调平衡中得以顺利推进。同时，在短期宏观调控中主动作为，在经济过热时采取了"抑制过热"的管理政策，使得经济高速增长过程中并没有出现过严重的经济危机和大幅的经济波动。面对世界金融危机时又能及时调整政策，实行"供给侧结构性改革"，开启了中国经济高质量发展的新征程。面对突如其来的新冠疫情，中国政府充分利用集中力量办大事的制度优势，成为新冠疫情期间世界上唯一经济正增长的国家。事实证明，中国式现代化进程的平稳推进，无不得益于中国政府能从实际出发随着发展阶段、主要矛盾以及时代主题的变化，成功找到了"有效市场"与"有为政府"相互协调的有效机制。有效市场和有为政府的高效结合，是破解市场失灵和政府失灵的中国方案。二者的有效融合创造了中国经济由高速增长到高质量发展的中国奇迹，成功规避了市场经济必然会引发经济危机的历史陷阱，成功破解了"无形之手"和"有形之手"双重失灵这个经济学世界性难题。

三、成功破解了所谓的"亨廷顿悖论"

（一）部分发展中国家陷入"亨廷顿悖论"的原因

20 世纪六七十年代以来，部分发展中国家在推进现代化进程中在短期内虽然创造了经济快速发展的奇迹，但同时也遭遇了诸如频发的军事政变和政府更迭以及集体政治性腐败和持续不断的社会动乱等现象，即所谓的"亨廷顿悖论"。塞缪尔·P. 亨廷顿基于西方现代性的全部价值标准，立足于第二次世界大战后实际发生于第三世界新兴国家的现代化现状，认为"现代性带来稳定，现代化引起动乱"。[①] 进一步认为"不仅社会和经济现代化产生政治动乱，而且动乱的程度还与现代化的速度有关。……政治动乱所以在 20 世纪的亚洲、非洲和拉丁美洲到处蔓延，很大程度上要归咎于那里的现代化进程过快，其速度远远超过早期实现现代化的国家"。[②] 得出一副貌似真理的结论，但其仍然未能逃脱"现代化西方中心论"的窠臼，这一点我们姑且不论。针对部分新兴国家出现的所谓"亨廷顿悖论"，究其原因不外乎：其一，从发展中国家现代化模式、目标、路径选择的主观原因来看，一些发展中国家缺乏对本国国情和现状的深入研究，脱离本国实际特点照搬美西方现代化模式，这种以资本为中心的发展模式必然引发经济上的两极分化，以及伴随而来的"影子经济"和政治性腐败，最终导致社会结构失衡等乱象；其二，外部势力的强力干涉。长期以来，西方为达到其自身的

---

① 塞缪尔·P. 亨廷顿. 变化社会中的政治秩序 [M]. 王冠华，等译. 上海：上海人民出版社，2021：37.

② 塞缪尔·P. 亨廷顿. 变化社会中的政治秩序 [M]. 王冠华，等译. 上海：上海人民出版社，2021：35 – 36.

霸权战略目的，打着"民主、自由、人权、安全"的幌子，通过资本控制、政治操控和意识形态渗透，潜移默化地扶持西式现代化模式的代理人，输出西方现代化模式。从当初东欧各国的"颜色革命"，到始于突尼斯的"阿拉伯之春"，再到以美国为首发动的阿富汗战争、伊拉克战争、利比亚战争，以及当前的俄乌冲突、巴以战争等。美西方发达国家凭借其现代化的先发优势，无所不用其极干涉别国的现代化进程，导致一些国家特别是发展中国家民选政权更迭，政治动荡，经济凋敝，民不聊生。

（二）中国式现代化实践成功破解了"亨廷顿悖论"

首先，中国共产党始终坚持独立自主的战略主动。政党制度是现代政治生活的重要组成部分，中国共产党同西方发达资本主义国家政党相比，西式政党都是集团利益的组织代表，通过所谓的民主选举实现执政，实质上是不同利益集团博弈的结果，利益争夺、政治动荡和政策的不稳定性必然成为常态。从世界各国执政实践来看，有的因其核心领导者丧失独立自主的决策权威以美西方马首是瞻，有的因组织体系涣散等原因，最终丧失其核心领导地位。中国特色社会主义制度的最大优势是中国共产党领导，中国共产党作为世界上最大的马克思主义执政党，正如习近平总书记在庆祝中国共产党成立一百周年大会上所指出"中国共产党始终代表最广大人民根本利益，与人民休戚与共、生死相依，没有任何自己特殊的利益，从来不代表任何利益集团、任何权势团体、任何特权阶层的利益"。① 中国共产党始终坚持独立自主的战略主动，在应对国内外各种风险挑战的历史进程中能够做出符合中国实际和时代要求的正

---

① 习近平. 在庆祝中国共产党成立100周年大会上的讲话［J］. 中国银行业，2021（7）：9.

确选择，以中国式现代化全面推进中华民族伟大复兴。其次，中国共产党善于以党的自我革命引领社会革命。新时代以来开展了史无前例的反腐斗争，以"打虎""拍蝇""猎狐"等多种形式多管齐下，通过自我革命成功跳出治乱兴衰历史周期率，始终坚持勇于自我革命的品格全面从严治党以保持党的先进性和纯洁性。因而不断提高党的领导水平和执政水平、增强拒腐防变和抵御风险能力，能够在应对国内外各种风险挑战的历史进程中始终成为全国人民的主心骨；同时通过严明组织建设，强化中国共产党在各个历史时期的坚强领导核心，确保中华民族伟大复兴事业行稳致远。

四、成功破解了"国强必霸"的西方现代化侵略逻辑

（一）西方发达国家率先开启了人类现代化的历史进程

伴随着资产阶级革命和工业革命的进程，英国的殖民掠夺最早始于 16 世纪末的北美，19 世纪中后期先后对中国发动了两次鸦片战争，其殖民掠夺几乎遍布全球。现代以来，英国又是西方集团称霸世界的主要积极参与国之一，严重影响着世界现代化和平进程。第二次世界大战使美国走上了现代化世界战略的大舞台，伴随着苏联解体美国赢得冷战成为世界唯一的超强大国，凭借其金融、军事、科技上的绝对优势无所不用其极。固守美国优先的霸权思维，经济上脱钩断链，政治上联盟遏制，科技上组团封锁，意识形态上制造对抗，金融上滥用美元霸权，国际规则中随意推行本国例外和双重标准的所谓"基于秩序的国际规则"，国际组织几乎成为美国霸权的现实版延伸，军事上打着各种泛安全化、泛政治化的无端幌子动辄发动战争或代理人战争。事实上，美国是源于战争又通过战争谋求发展的军工复合体，目前美国拥有数量庞大的军事基地遍布

世界 140 多个国家，是不折不扣的世界第一军费大国，比后面九个军费大国加起来的总和还要多。正如俄罗斯外交部长谢尔盖·拉夫罗夫直言不讳地指出，美国已经成为世界现代化和平进程中最大的障碍以及世界秩序不稳定的主要根源。明治维新开启了日本现代化进程，使日本成功走上了资本主义现代化强国之路。随着日本经济、军事等现代化实力的迅速增长，其侵略扩张的野心急剧膨胀，先后对中国发动了两场规模空前的甲午战争和全面侵华战争；作为第二次世界大战的战争策源地之一的日本在二战中对包括中国在内的亚洲各国人民犯下了极其严重的滔天罪行，其侵略扩张极大阻碍了亚洲其他国家的现代化进程。此外，德国、法国、俄罗斯等西方列强凭借其现代化优势实力无不对世界其他国家特别是广大发展中国家进行疯狂的土地殖民和战争侵略，纷纷走上"国强必霸"的侵略之途。西方列强的"国强必霸"充分暴露了资本主义制度下，资本的本质就是不择手段、疯狂追逐剩余价值的无限掠夺。正如马克思所言"当资产阶级单纯用贪污不能满足自己的掠夺欲望的时候，难道不是都像大强盗克莱夫勋爵本人所说的那样，采取凶恶的勒索手段吗？"。[①]

（二）中国在历史上从未侵略过任何一个国家，只有被侵略的历史

正如习近平总书记《在庆祝中国共产党成立 100 周年大会上的讲话》中指出："中华民族的血液中没有侵略他人、称王称霸的基因。"[②] 近代中国自 1840 年鸦片战争、中日甲午战争、八国联军侵华战争以及日本于 1931 年对中国发动的全面侵华战争等，致使中

---

① 马克思恩格斯选集（第一卷）[M]. 北京：人民出版社，1972：74.
② 习近平在庆祝中国共产党成立 100 周年大会上的讲话[M]. 北京：人民出版社，2021：16.

国彻底沦为半殖民地半封建社会，中国的主权遭到严重的破坏。直到中华人民共和国成立才结束了一百多年来被侵略、被奴役的屈辱历史。时至今日，中国是世界上唯一将"坚持和平发展道路"载入宪法的国家。习近平强调"中国式现代化不走殖民掠夺的老路，不走国强必霸的歪路，走的是和平发展的人间正道。……中国实现现代化是世界和平力量的增长，是国际正义力量的壮大，无论发展到什么程度，永远不称霸、永远不搞扩张"。① 现代化实践中，中国秉持共商共建共享原则提出"一带一路"国际合作倡议，是顺应全球治理体系变革的内在要求，以世界共享的优质公共产品为世界经济增长开辟了新的合作空间，以"一带一路"为实践平台推动构建人类命运共同体的中国方案正是中国式现代化和平发展道路的实践回应。其次，当今世界单边主义、贸易保护主义愈演愈烈，恐怖主义、武装冲突此起彼伏。面对如此严峻复杂的国际形势，习近平总书记指出"推动构建人类命运共同体，不是以一种制度代替另一种制度，不是以一种文明代替另一种文明，而是不同社会制度、不同意识形态、不同历史文化、不同发展水平的国家在国际事务中利益共生、权利共享、责任共担，形成共建美好世界的最大公约数"。② 中国式现代化走和平发展道路，作为人类文明新形态赋予了鲜明的中国特质，中国的发展是世界和平力量的增长，是国际稳定因素的增强，其发展实践成功破解了西方现代化国家"国强必霸"的侵略逻辑。但是，我们也必须清醒地认识到当前世界现代化和平进程所面临的严峻形势，要充分做到应对内涵复杂的"新冷战"以及可能潜在的局部"混合战争"的两手准备，继续以中国式现代化实践创立世界现代化新的发展模式和人类文明新形态。

---

① 习近平. 携手同行现代化之路［N］. 人民日报，2023 - 03 - 16.
② 习近平. 习近平谈治国理政（第四卷）［M］. 北京：外文出版社，2022：475.

下篇 中国式农业农村现代化

中国式农业农村现代化是中国式现代化的重要组成部分，是涵盖农业现代化、农村现代化、农民现代化的有机统一。中国人民大学温铁军教授认为，中国农业现代化于1956年，在苏联战略性援助下以重工业为主的国家资本主义在中国实施的时候就出现了，即以"土地规模经营配套机械化"为主要内容的第一次中国农业现代化。为了适应大型农业机械化农作模式，中央政府推行以乡镇为单位以高级社和人民公社为组织载体的土地集体化经营。"1956年贯彻的农业现代化对接城市国家工业化，实际上有三大内涵：一是以乡为单位的集体化形成土地规模经济；二是以乡为单位建立拖拉机站，接受城市大型工业品下乡；三是贯彻城乡产品不等价交换、获取剪刀差，用于城市产业资本原始积累。"① 这种土地规模经营维持了5年后又回到了以自然村为单元的"三级所有、队为基础"的土地经营模式。直到改革开放前，城市产业资本在国家统购统销体制机制下通过价格剪刀差方式从农业提取了80%以上的"农村剩余"用于城市产业资本的原始积累，即"农业现代化是一个长期从'三农'占有剩余的过程"②。第二次农业现代化开始于1998年，在东亚金融危机背景下，中国工业出口大幅下降，为了寻求新的投资方向，在工商企业的推动以及政府优惠政策的支持下，开启了工业资本下乡，以产业方式改造农业的第二次农业现代化进程。第二次农业现代化确实有效提升了农业的技术贡献率和农业的装备系数，同时也提升了农业产业化的资本收益，其实质是通过资本深化使农业去资源化而实现资本化。与此同时，农业产业化也派生了农业的二重负外部性，农药、化肥、除草剂等的大量使用，引起了包括土壤、水资源、大气在内的三大农业基本资源

---

①② 温铁军，等. 农业现代化的发展路径与方向问题 [J]. 中国延安干部学院学报，2015（5）：107.

环境的严重破坏以及食品的不安全问题。另外，当工业资本进入农业，随着时间的推移必然会引起农业要素按工业要素定价模式重新定价，导致土地要素定价提高从而推动土地经营成本大幅提升，导致大批农业资本化经营的企业连续亏损甚至纷纷倒闭，现实证明这是不可持续发展的农业现代化道路。第三次农业现代化是一二三产业相互融合的农业现代化。党的十七届三中全会强调了"两型农业"的现代化农业发展目标，即资源节约型、环境友好型农业发展目标，开启了第三次农业现代化进程。进入生态文明新时代，人们对农产品的需求越来越关注传统自然、健康安全、绿色生态，第三次农业现代化的主要特点，"农业三化"，即生态化＋三产化＋社会化。遗憾的是第三次农业现代化在实践中进展依然缓慢。①

中国式农业农村现代化的主战场是农村，它不同于一般意义上的城乡一体化，农村不仅仅是一个地理场所概念上的农村，很多农村已经是几百年几千年的历史了，是我们国家五千多年农耕文化的一个传承，中国式现代化农村必须是尊重自然、传承自然的具有中国农村乡土本色的现代化；同时，中国式现代化农村也不是农村城市化，农村城市化既不符合我国农村农民的实际情况，也不是中国式现代化农村的本质要义，没有农村就没有农业。农业是推动中国式农村现代化的根本路径，农业现代化本质是农业生产方式的现代化。农民既是农业农村现代化的实现主体，也是农业农村现代化的目的与归宿，农民现代化不只是简单的"转移"，更重要的是使其具有现代生产、生活技能的内涵式"转化"；目标是全面发展、共同富裕的中国式现代化。总归一句

---

① 参见温铁军，等. 农业现代化的发展路径与方向问题［J］. 中国延安干部学院学报，2015（5）：105－110.

话，没有农业农村农民的现代化，就没有真正意义上的中国式现代化。当前不平衡不充分的问题在农村最为突出，主要是制度障碍，而农村土地制度是农村现代化发展的核心制度，当前主要问题是在农村土地集体所有制前提下，在政府主导下如何充分发挥市场在土地资源配置中的决定性作用。

第六章

世界主要发达国家
农业农村现代化

　　在人类现代化进程中，农业、农村现代化是一个普通而又基础性的问题，如果一个国家无法解决农业现代化的问题，无论是发达国家还是发展中国家，其工业现代化进程等必然会受到很大的影响，因此农业现代化是必然选择。事实上那些最早的工业化国家很多都是世界上最主要的农业出口国，他们不仅成功地解决了本国的农业转型问题，而且成为主要的农产品出口国。但是在农业现代化的具体路径选择上，不同的国家有着不同的选择。在发展农业现代化中，人们似乎形成了小农经营是农业现代化的障碍这样一种共识。西方国家早在 16 世纪起就在北美、南美、澳洲以及非洲开始土地殖民，推行大农场和大种植园，开启了农业资源的规模化扩张。在许多人看来，农奴制在一定程度上挫伤了有经营能力的农民获得更多土地的积极性，从而抑制了土地的集中。农奴制的废除不仅为有经营能力的农民集聚更多的土地消除了这种障碍，为那些有经营能力的农民通过市场雇佣劳动扩大生产创造了条件，为农业资本主义生产关系奠定了发展基础。在市场优胜劣汰的竞争机制下，农业资本主义生产关系就会得到迅速的发展。但是，由于农业生产的特殊性，劳动者本人的责任心与农业生产效益有着直接的影响。但文礼朋教授在对整个西方经济史和相关的资料进行梳理考察后，却发现了一个难以令上述看法自圆其说的事实，即不仅后起的资本主义国家，如法国、德国、美国、加拿大和澳大利亚等，雇佣劳动力始终没有增长的趋势，就是在作为"典型"的英国，农场所雇佣的劳动力也在持续下降，也就是说，不仅雇佣型大农场未能挤兑家庭型农场，反而是家庭型农场在挤兑雇佣型大农场。而在东亚的韩国、日本、中国的台湾地区，甚至中国大陆，由于实行以家庭联产的承包制，小农生产也使农业生产力得到了极大的增长，并有力地推动了这些国家和地区的工业经济发展。① 对农业生产的组织形式之前的讨论大多集中在生产关系方面的研究，现在更多的关注似乎转移到了生产力方面的讨论，认为农业生产的组织形式主要是由农业生产技术的发展特征所决定的。生产技术的特征对于生产关系的变革至关重要，伴随着蒸汽机技术引发的现代工厂制度的建立，很多人认为 19 世纪欧美国家雇佣劳动的大农场的生产是农业机械化的必然产物。但实际上，由于农业生产的特殊性使得蒸汽技术在农业部门的推广十分缓慢，从而对农业生产方式和生产关系的影响十分有限。总的来说，19 世纪晚期到 20 世纪初期，北美和西欧国家农业资本主义雇佣经营的衰落成为一般认可的一种普遍现象。虽然家庭农场制度由于农业生产的特殊性，在最基础的农业生产层面上占有一定的优势；但是，第二次世界大战后，随着西方发达国家家庭农场的全面现代化，小规模经营的农场大量消失，现代化农业生产依然是面向大市场的生产。19 世纪晚期后，各国政府调整了以往对农业科研和推广方面的自由放任主义，纷纷建立起了由社会公共部门支持的农业科研体系和农业科技推广体系，随着整个体系的不断完

---

① 陈晓律. 考察英国农业现代化的另一种视角——《近现代英国农业资本主义的兴衰》评析 [J]. 英国研究，2014（3）：151.

善，农业教育和农技推广越来越面向农业底层，通过技术制度革新进一步推动农业现代化发展。

一、英国农业现代化

（一）英国农业现代化进程

在世界现代史上，英国是最早启动并实现农业农村现代化的国家，始于 15 世纪末 16 世纪初的圈地运动开启了英国农业革命历史进程，英国始终把农业放在现代化经济发展的首要地位，英国的农业革命早于工业革命。通过农业革命的兴起促进工业革命，农业革命作为现代化的准备阶段，率先完成了农业现代化；工业革命为农业发展提供了先进的生产资料反过来又加速农业生产力的提高。面向市场化的制度性和结构性的变革，保证农业持续、稳定的发展。在圈地运动前，英国农村以敞田村社的组织形态存在，敞田村社承载着传统农村社会基本的生活和生产功能。按照休耕轮作的原则把整个村社的土地分为大田，在大田的周边分布着很多草地和荒地作为农民放牧的公地，再将大田分为条田为农民所持有并参与生产。生产在村社统一安排下进行。因此，英国的敞田村社实际上是一个农牧混合经济体。英国农业现代化以土地产权的逐步完善为轴心，以市场为导向，以圈地的形式开启了土地资源市场化配置的现代化转型。英国的圈地运动从协议圈地到议会圈地，通过圈地运动逐步消除了传统的土地共权，确立了土地私权，私权的确立为土地的流转以及技术投资创造了前提条件。英国的圈地运动不仅创造了极具英国特色的土地流转形式，引发了在 16、17 世纪就基本完成的土地所有权的变革，也带来了农业经营体制的深刻变化。18 世纪初叶，英国农业仍然尚未形成以雇佣农场为主体的结构，敞田经营制度在农业生产技术上的革新使农业生产取得了巨大进步。因此，18世纪中叶以前英国农业的发展进步不是因为建立了以雇佣经营为主体而是以农民中小家庭经营为主体的农业结构之上。到了19世纪中叶，英国形成了高度集中的土地所有权，在此基础上已经完全建立起了以雇佣劳动为基础的农业经营结构。第一次世界大战爆发前夕，英国的大土地所有制达到顶峰，战后的英国逐渐成为一个以家庭农场为主要经营模式的国家，以至于把19世纪中叶以前的英国农业发展模式看作是农业现代化的标准。20世纪，英国政府通过各种方式帮助农业经营者购买土地并对大地产征收沉重的地产继承税，迫使高度发达的租佃制让位于农场主的土地所有制。其间，世界其他一些农业国在不断建立起了由社会公共部门支持的农业科研体系和农业技术推广体系，使本国农业取得了长足的进步，成功渡过了农业危机。而英国在社会公共部门支持的农业科研和农技推广体系制度创新方面相对落后，加之英国农业合作化运动的滞后，也导致了这一时期英国农业技术的相对落后，难以完成像丹麦、德国那样的农业转型。因此，无论是英国的农业技术还是英国的农业生产组织形式都受到了人们的质疑。

（二）英国农业现代化主要特征

英国农业现代化是伴随着一系列结构性的变革和制度性变革的渐进式过程。一般认为英国农业资本主义的兴起以及雇佣型大农场占主导地位的地主—租地农场—农业雇佣工人的三层农业经营结构，是英国农业获得巨大进步主要原因。变革过程呈现出农牧混合经营、渐进式圈地的土地流转以及农业商业化和专业化等主要特征。

1. 农牧混合经营体制。基于自然条件，一直以来英国农业就有农牧混合经营的特点。英国是位于欧洲西北的岛国，其地理环境和气候条件非常适宜于种植业和畜牧业的混合经营，通过良种的引进与培育、牧草种植的精细化管理方式的转变、农业技术革新以及四茬轮作制的合理推广,不断完善了农牧混合经营体制。这样不仅提高了地力,也养肥了牲畜,增加了粮食产量,形成了"畜多、肥多、粮多"自然生态条件下的良性循环,这种农牧混合经营体制的传统伴随着农业现代化进程的不断推进一直延续到今天。

2. 以渐进式的圈地形式进行土地流转。英国的圈地运动经历了领主圈地、累积圈地、协议圈地、议会圈地的演进过程,圈地运动在瓦解了敞田村村庄封建结构的同时并没有引起农村社会的动荡。同时圈地运动也并没有造成农村人口的大量流失和绝对意义上的减少,反而增加了对农业劳动的需求。圈地运动对土地产权结构、生产管理方式以及农业地理形态都有深刻而全面的影响。

3. 农业市场化。英国农业市场化转变就是农业商品化和专门化过程。农业商品化可以使农民充分利用当地土壤和气候等自然地理条件,根据市场需求来调整农业经营结构,通过草地、牧场以及种植的合理调整,建立农业专门化生产区域,专门生产能更好满足市场需求的农牧特色产品。建立全国统合的农产品专门化市场,市场的扩大进一步促进了农业专门化和商品化,把农业专门化和商品化融合于工业化、城市化进程中。不仅使农业结构更加合理平衡、农业经营的多样化产量的提高,也为英国现代化整体进展奠定了牢固的基础。

(三) 英国农业现代化对我国的启示

1. 英国敞田经营与圈地经营的再认识。关于两种土地经营模式的讨论是学者们比较关注的内容。有学者认为,圈地的本质是为了清除之前的农村乡社的土地公共产权残余,从而可以更加有效提高土地的使用效率。其默认的前提是只有私有产权才能实现资源的有效利用。敞田农业是与自然经济相适应而与商业农业不相适应的土地经营制度。事实上，17世纪英国农业商业化程度很高的恰恰是整个牛津郡都盛行敞田经营制度的地区。有学者研究发现，敞田上的农业产出虽然没有圈地上的农业产出高，但两者的农业产出水平相差不大。他们认为，敞田经营并非像人们一般所认为的那么僵硬，经营敞田的村民可以通过协议或自愿交换形成相对紧凑的大块土地而改变耕作安排，可以自由独立地根据市场的变化调整自己的种植结构，或引进新的作物品种和牲畜品种，改变农牧经营的多样性，从而提高敞田经营的农牧水平。因此，对于英国敞田与圈地两种农地经营模式的争论一直没有一个统一的定论。英国的议会圈地不仅以土地重新分配的方式变革了土地的流转形式，最终以私人土地产权取代了传统的土地公权，这为英国农业现代化的市场化推广以及农业劳动生产率的提高创造了良好的基础条件。我国是生产资料公有制国家，土地私有产权显然不符合我国社会主义制度的要求。但是土地产权不仅仅是所有权，而是包含占有权、使用权、处分权、收益权、出租权、转让权等一系列权能组成的权利束。我们仍然可以通过进一步明晰产权的方式来激励农民的积极性。另外，英国的圈地运动采取了渐进式的推进方式，并没有造成农村人口的绝对减少，反而增加了对农业劳动的需求。我们应该吸取这种渐进式的符合中国农村实际的人口转移模式，而不至于造成如今农村"人地两空"的局面。

2. 公共利益是农村社会凝聚力的基础。英国农村对公共利益的分配及后期处置无论是圈地过程中还是圈地之后都将视为最重要的条目。一般会优先划拨公共用地，包括村社共同放牧的公地、公共建筑、公共道路及村庄景观等。正因为如此，英国农村社会现代化过程相对温和并没有发生大规模的动荡。中国农村集体所有制是构成农村公共利益联结的制度基础，在农村土地集体所有制条件下的土地流转涉及多方利益主体，如果处理不到位可能成为社会不稳定的因素。因此，要积极回应农民的利益诉求，优先考虑农村村庄的公共利益。

3. 激活农村内生发展而不是专注于外迁。乡村是保持一国自身民族特性的重要载体，也是国民自身根源的直接土壤，英国乡村现代化治理比较注重提升乡村内生发展潜力，表现为既能享受同城市一样的现代生活，又能充分体验包含乡村特有的历史资源与自然景观在内的自然美景。中国农村现代化治理是一项协同性、系统性的综合社会变革，农村发展的本质是农民的发展，推进农村现代化关键是坚持农民主体地位，充分激活农村内生发展潜力而不是专注于农民外迁和合村并镇。

二、美国农业现代化

美国是世界上农业现代化程度最高的国家之一，也是农业经营规模最大的国家，土地资源是美国发展农业现代化的比较优势，使美国农业机械化和科技化具有了天然优势。美国农业现代化进程中，政府扮演了重要的角色，主要为农业现代化提供重要的制度保障；农业合作化组织为农业现代化提供了健全的市场化服务；农业科技化为农业现代化提供了持续发展的动力。

（一）美国农业现代化进程

1. 农业半机械化时期。这一时期的主要特点是畜力代替人力，畜力是农业生产的主要农业机具。美国独立后，靠人力和手工工具的农业生产难以适应美国社会经济对农业生产的发展需求，美国国会通过了"农业组织部法""宅地法""莫里尔赠地学院法""哈奇法""史密斯—利弗合作推广法"等一系列立法保障农业发展。根据立法设立了农业部以及与之相应的各种专业性机构，其部门所属官员多数为农业科学技术人员和农业经济学家，负责农业研究和技术推广指导工作，有效避免了外行管理内行的低效运行。

2. 由农业半机械化到农业机械化时期。这一时期美国爆发了两次农业危机，严重影响了农业现代化进程。美国国会通过了"农业调整法""土壤保护和国内土地分配法""联邦农业信贷法"等，并实施了相应的农业政策，对农产品的流通领域和生产领域进行了积极的干预，有效减轻或缓和了危机对农业的冲击。并继续推广农业科技发展政策，到1940年美国基本实现了农业机械化。

3. 美国农业现代化快速发展时期。这一时期，美国为了继续缓和资本主义农业危机，通过"租借法案""马歇尔计划""480公法"等鼓励农场扩大生产，极力扩大农产品出口。美国在不断推广运用一系列现代先进农业科学技术推进农业现代化进程，现在美国在农业装备上开始推广采用GPS卫星全球定位系统等高新技术进行精确农业作业，引领农业向精准农业方向发展。此外，在生物农业方面利用生物工程技术控制作物的结构、形状和性能，实现农艺与农机的结合等，在科技进步支持下美国农业现代化持续推进。

（二）美国农业现代化主要措施

1. 政府的农业补贴。国家对农业生产的支持是美国一项基本政策。美国政府对农业的补贴主要通过农业法案来实施，2014年美国国会通过新的5年农业法案，进一步提升了美国对农业补贴的政府财政预算。

2. 对农业补贴的方式包括直接补贴和间接补贴。直接补贴是为了保证农民的收入和对生态环境保护而根据农民种植的农作物种类和面积直接给予的现金补贴。间接补贴包括低息农业贷款（直接贷款和贷款担保）和农业保险补贴。农业保险是美国政府对农业支持政策的核心部分，政府还通过再保险、税收优惠等措施进一步支持私人农业保险公司，2014 年发布的农业法案又启动了新的保险项目。因此，农业保险成为美国保障农业生产的最主要措施。

3. 政府对农村、农业生产基础设施建设的支持。美国特别重视农业基础设施建设，1916 年美国国会通过《联邦高速公路法》规定，由政府提供资金资助农村公路建设，1936 年国会通过《农村电气化法》为农村电气化建设提供贷款，《电力合作社法》规定必须保证所属区域内的所有农户都能得到充足的电力供应，并授权 REA 为农村电力合作社发放低息和长期类贷款。在美国联邦政府的支持下，不断加强以交通、电力、通信、水利、金融服务等为主要内容的农村农业生产基础设施建设，极大促进了美国农村、农业现代化进程。

4. 支持农村农业教育以及农业科研与农业技术推广。美国政府非常重视农村基础教育和农业高等教育，通过强大的农业教育体系培养了大批高素质农业人才，三分之一以上的美国农民有着大学的学习经历。此外，美国政府非常重视农业科研的投入与农业技术的推广运用。农业科研经费主要来自政府财政预算拨款，美国联邦政府和州政府每年给予农业大学划拨大量资金用于农业科研和技术推广，从而极大提高了现代农业的生产效率和可持续性。

（三）美国农业现代化发展经验借鉴

1. 政府的支持是农业现代化发展的基本保障。美国农业现代化发展实践证明，在农业现代化进程中，无论是农村农业生产基础设施建设，还是相关制度政策的制定以及公共服务等都离不开政府的大力支持。由于农业的天然弱质性和农业生产的季节性，农业现代化离不开政府方方面面的全力支持。目前来看，农业农村现代化是中国式现代化的最大短板，需要中国政府综合运用经济、法律、行政等全面统筹和协调推进。同时要引导更多市场力量和社会力量积极参与到农业生产中来，不断提高农业现代化水平和生产能力。

2. 农业合作组织是实现农业现代化的有效途径。美国农业的高度现代化，离不开农业合作组织的全方位服务。美国拥有数量众多、功能不断完善的农业合作组织，农业合作组织是联系农业产业与市场的重要纽带，其在美国农业现代化过程中起着中坚力量的作用。中国农业合作社在农业现代化进程中有着举足轻重的作用，有利于提高农产品进入市场的组织化程度，有利于延伸农业产业链，增加农产品附加值等，也是降低农业经营风险的有效载体。当前中国农业合作社规模普遍较小，合作社的专业性不足，产业化经营程度较低，甚至有很多处于空壳运作。为了有效提升农业合作社在农业现代化中的服务效率，需要积极引导合作社以市场为导向、以产业为依托做大做强，构建多种形式的农业合作组织，促进我国农业现代化发展。

3. 农业技术和人才是农业现代化发展的核心动力。美国现代农业广泛采用现代高新技术，特别是以卫星遥感技术和生物工程为主的现代农业新技术的推广和应用，提高农业产出效率和农业现代化可持续发展能力，是美国农业现代化成功经验之一。我国当前缺乏完善的农业人才培养体系，农业科技人才流失严重，农业技术推广人员数量严重不足，无法满足我国现代农业发展的实际需求。农业现代化要求建立以政府为主导、社会力量广泛参与的多元化农业科研人才培育体系和农业技术推广体系，不断提升农业科技创新能力以及农业技术转化为新质生产力的能力。

三、法国农业现代化

（一）法国农业现代化进程

一般认为法国农业现代化始于18世纪末的法国资产阶级大革

命，开启了从封建农业向现代资本主义农业的转变。大革命时期1793 年颁布法令，把土地小块化分卖给农民，属于典型的自给自足小农经济。法国农业现代化进程起步较早，但却在较长时期内仍然沿袭着传统农业生产方式。直到第二帝国时期，法国农业现代化才真正开始"起飞"。19 世纪 60 年代开始生产农业机械，但直到二战前，法国农业机械化水平仍然较低。20 世纪上半叶两次世界大战期间，法国农业现代化进程严重受阻。二战后，法国政府通过各种价格补贴、国家担保的低息贷款等方式普及机械化，对农民兴修农业基础设施给予农业工程津贴补助。此外，为了降低农民使用农业机械成本，提高农业机械利用率，法国政府支持建立法语所谓的"CUMA"共同使用农业机械合作社以及农业信贷合作社和供应销售合作社。法国农业机械化、现代化进程中突出的问题主要是人多地少，一家一户经营规模小。20 世纪 50 年代中期，政府出台了包括区域专业化、农场专业化、作业专业化等系列"专业化"措施推动土地集中、促进规模经营。20 世纪 70 年代农业机械化全面普及基本实现农业现代化。80 年代成为全世界农业最发达的国家之一。现在法国农业现代化已进入了注重生态和谐、可持续新型现代化农业发展阶段。

（二）法国农业现代化主要政策措施

1. 政府的高度重视及有效的政策指导。二战后的法国高度重视农业现代化进程，从科学的规划到合理的布局再到有计划的动态调整。从战前种植业为主的农业结构，调整为战后农牧业平衡发展的农业结构模式。战前法国的农业投资主要是私人投资，战后法国政府把农业投资纳入国家预算之列，凡是符合政策要求和国家发展规划的农业项目都实行优先贷款和优惠利率的支持政策。在农产品价格补贴方面，为了保证农民稳定的收入，法国政府建立了由市场调节和价格支持的调节机制，当市场价格低于目标价格时，国家采取直接收购的方式，直到市场价格回升时再抛售；而当市场价格高于农产品目标价格时，国家则放宽关税扩大农产品出口，使农民的收入得到保证。

2. 规模化经营。法国为了解决农业现代化过程中所面临人多地少、土地经营规模小的问题，出台了一系列措施对 55 岁以上的老年农民通过发放终身养老金鼓励其退出土地经营。为防止土地分割经营，到退休年龄的农场主退出土地后严格规定农场继承者只能有一个，其他继承人只能从农场继承者那儿得到继承金。同时鼓励通过土地入股以父子农场或兄弟农场的形式进行联合经营。另外，土地整治与农村安置公司从私人手中购买的低产田或分散的小块土地，通过整治后形成标准化农场，再出售给农场主集中经营以提高土地规模经济效益。

3. 农业生产机械化和专业化。法国政府为了促进农业机械化，出台了各种补贴措施，包括农户购买农业机械及配件补贴、对农业机械合作社成员免交一切赋税并获得优惠贷款等，农业机械化从 1950 年开始用了 20 年时间就完全实现了农业机械化。2000 年对《关于农业现代化的指导方针》的补充修订中又进一步增加了对农业机械化的环保要求并提高了补贴标准。

法国的农业专业化包括三个类型：区域专业化、农场专业化和作业专业化。在区域专业化方面，按照自然条件、历史习惯和技术水平划分，将不同的农作物和畜牧生产合理布局，形成专业化的商品产区。在农场专业化方面，按照经营内容大体可分为畜牧农场、谷物农场、葡萄农场、水果农场、蔬菜农场等。作业专业化是指过去由一个农场完成的全部工作，分别由农场和农场以外的各个专业化企业承担，每个企业只负责其中的一个环节。从而大大简化了农机配置，促进了农机化水平的提高。[1]

（三）对我国的借鉴与启示

1. 促进土地适当集中和规模经营。在法国农业现代化道路中，小农经济、分散经营始终是存在，也是其特色的构成部分。但是，土地适当集中和规模经营是世界农业现代化的主要发展趋势。根据我国不同地区的区域特点，对于符合连片集中的土地，在土地的有偿流转基础上适当集中，为农业机械化、科技化和规模化经营创造条件。鼓励农户之间的联合经营，特别是父子和兄弟之间的联合经营，使农业经营规模不断扩大。对弃耕的荒芜土地或耕作不良的土地，可借鉴法国的经验，通过"土地整治公司"将其集中整治为标准农田，提高土地流转补贴力度，鼓励已经多年离开农村进入其他产业或进城的农户将土地转包或转租给有经营能力的农民，对连续弃耕两年以上又不愿意在有偿条件下流转土地的可以依法通过征收土地资源税的方式强制收回其土地承包权。

2. 推进农业生产专业化和科技化。农业专业化是法国农业现代化的成功典范，包括区域专业化、农场专业化和作业专业化。我国土地辽阔，类型多样，呈现山地多平地少的土地构成特点，山地、高原、丘陵的面积占土地总面积的60%以上，而且中国南方地区的山地与西北地区的山地差异性显著。土地的自然差异要求农业生产必须符合当地的地理气候和生态等条件，发展专业化特色农业。因此，要在政府主导下合理规划我国土地生产专业区，进一步加大政策支持力度和执行力度，广泛推进农业生产"专业化"。在此基础上结合作业专业化要求，对不同区域的农林作物和畜牧生产进行科学合理布局，形成专业化的商品产区。

---

[1]　杜朝晖. 法国农业现代化的经验与启示 [J]. 宏观经济管理，2006（5）：72.

3. 建立综合性农业社会化服务体系。农业现代化是一个系统性综合动态的社会化过程，借鉴法国经验，建立包括政府、农业科技部门、合作社在内的分工合作的综合性农业社会化服务体系。农业现代化需要充分发挥政府的主导力量，通过不断完善的法律和强有力的政策体系为农业现代化发展提供完全的制度安排。农业基础设施建设需要政府资金的大量投入，以此改善农村、农业的投资环境吸引更多的社会力量加入农业产业。此外，农业科研与农业科技人才的教育与培养等农业公共服务需要政府相关职能部门全面的投入。另外，从法国农业现代化发展经验来看，农业合作社是实现农业现代化的有效组织形式。因此，为农业现代化发展提供服务的除各级政府的农业管理与服务机构外，还需要各种专业农业合作社，包括农业生产合作社、供销合作社、服务合作社及各种农业联合组织等，应充分重视农业合作组织的发展，利用其独特的优势促进我国农业现代化的发展。

四、德国农业现代化

德国实现农业现代化的过程，是用现代工业装备农业、用现代科学技术改造农业、用现代管理方式管理农业、用现代科学文化知识提高农民素质的过程，是建立高产优质高效农业生产体系和可持续发展农业生态系统的过程。[①]

（一）德国农业现代化历程

第二次世界大战前的德国农业还相对比较落后，二战中德国农

---

① 陈新田. 论德国农业现代化的经验及其启示 [J]. 江汉大学学报（社会科学版），2005（6）：33.

业遭受了严重的破坏。直到 20 世纪 70 年代以后，德国农业生产力得到突破性的发展，基本上实现了农业现代化。一般认为德国农业现代化经历了四个重要的发展阶段：德国农业现代化真正开始于 20 世纪 50 年代中期以后。这时期一边恢复战争中遭受严重破坏的农业基础设施，一边加速展开机械化、电气化和化学化等农业技术的研发与推广应用推动农业生产迅速发展。20 世纪 70 年代以后，化肥和农药的大量使用，一方面提升了农产品的供给产量；但另一方面也带来了严重的环境污染和农产品的不安全问题。20 世纪 80 年代，随着德国农业生产技术的进一步发展，逐步开始向综合生态农业方向发展，减少了对农药和化肥的使用，大量推广生物农业技术引领德国向绿色农业转型。20 世纪 90 年代以后，随着地理信息系统、全球定位系统和卫星遥感等技术在农业生产中的普及推广，使德国农业现代化向精准农业发展的进程明显加快。

（二）德国农业现代化措施

1. 建立由社会公共部门支持的农业科研和推广体系。在建立社会公共部门支持的农业科研体系和农业技术推广体系方面，德国政府是最为积极的国家之一，德国也是第一个建立由社会支持的农业研究机构的国家。农业教育是德国农业政策的重要组成部分，德国农业教育强调要全面更新农民所掌握的专业知识和生产技能，要求他们必须掌握一定的现代农业专门知识。德国在农业科研和教育方面的投入是多层次的，农业教育和农业推广越来越面向农业底层，包括建立农业大学以及面向普通农民子弟的农业冬季学校和农业初级中学。在此基础上，二战后的德国，政府采取农业低息贷款等措施加大了对农业投资和信贷的力度。同时，通过直接资助或间接补贴等措施加大了对包括小农场合并补助、休闲地再利用补偿、困难农场资助的农业生产保障等，进一步推动了德国农业现代化进程。

2. 建立多种形式的农业合作组织。发达国家农业现代化实践经验表明，农业合作社似乎成为农业现代化的必然选择。德国农业合作社的现代化程度较高，普及度也比较高，几乎所有农户都是合作社成员，有的甚至同时参加几个合作社。供销合作社、信用合作社是农业生产的系列组织，组织家庭小规模生产形成社会化大生产，推动农业现代化市场进程。技术服务型的农业合作社，主要提供农机租赁和维修、种子、肥料的运输以及农产品销售等服务。通过多层次、多链条的合作社服务体系为农业现代化提供保障。

3. 农业规模化经营。主要通过以下途径：其一，由政府承担迁移费用，鼓励部分农户从人口密集的村庄迁出到人口密度相对小的村庄以获得更多的土地达到规模经营的要求；同时留在原村庄的农户可将迁出农户的土地合并经营，使原有土地经营规模扩大。其二，政府通过设立"转行奖金"鼓励小农户放弃土地经营转投其他行业，并通过各种专项基金解决剩余劳动力的就业和收入等问题；同时通过设立"提前退休奖金"鼓励符合条件的农民提前退出农业经营。

（三）德国农业现代化对我国的启示

1. 建立以政府为主导的农业投入机制。德国农业现代化之所以在二战后能顺利快速实现，无不与德国政府的高度重视有关。借鉴德国成功的做法，近年来，我国虽然连续发布以"三农"为主题的中央一号文件，以及加大对"三农"的投入，其实际效果与其目标仍然相距甚远。其原因在于缺乏从顶层设计到基层执行的农业现代化全链条机制。因此，我国需要建立起以政府投入为导向，农民集体以及社会多种力量投入为主体的农业现代化投资机制，以实现真正意义上的传统农业向现代农业的转型发展。

2. 建立适合不同区域特点的现代化农业组织形式。现代化农业组织形式主要包括家庭农场、农民合作社、公司制农业企业、现代农业企业等。德国在实施农业现代化的进程中主要采用了产业一体化组织，这是传统农户小生产与市场经济有效对接的一种农业产业化经营形式，这种产业化组织结构的突出特点是经营管理企业化。我国农业区域特点差异性较大，需要建立适合不同区域特点的现代化农业组织形式。

3. 推动有条件的区域实现农业规模化经营。农业规模化经营是农业机械化、科技化的基础前提，也是传统农业向现代农业转型的必然要求。德国在农业现代化发展过程中，在土地集中基础上逐步推行农业规模化经营，进一步普及了机械化农业生产，现在又在大量推广精准农业、智能农业、数字农业及生态农业。当前，土地经营规模小且极度分散是制约我国农业现代化进程的主要障碍之一，要在不断深化农村土地集体所有制改革基础上进一步扩大土地规模化经营。

五、日本农业现代化

（一）日本农业现代化特点

1. 小型农业机械化和生物化学技术。日本耕地资源相对稀缺，格外重视通过机械化来提高农业生产效率。但是，大型农业机械不适合日本田块狭小、地形复杂的耕地特点，只能因地制宜，大量推广使用小型农业机械并普及于农业生产的各个领域和各个环节，到20世纪70年代就全面实现了农业机械化。

2. 生产标准化。日本极为重视农业标准化体系建设，主要包括以下方面：其一，农产品生产环境标准，对农田基础设施及生产环境都有详尽的标准，例如对不同区域种植的植被类型、种类，对坡面建设的坡度以及周边水利设施。其二，生产过程及生产工艺的标准，农作物从新品种的选育试验，到新品种育成后的栽培技术工艺流程，再到农产品收获后的运输、储存、加工等都有具体的标准要求。其三，农产品标准，在日本对农产品上市前要根据市场需求进程筛选和分级，严格按产地、规格、时间等标准进行标注，执行全面的产品标签制度使消费者能清楚地了解到产品的基本特征。这些标准的实施，有助于提高农产品的质量和安全性，进一步提升了日本农产品的市场竞争力。

3. 农村城市化。日本是世界上最早提出农村工业化的国家之一，日本在推进工业化的过程中同步采取了农村城市化的策略，在亚洲率先实现了农业现代化和农村城市化。在政府主导下制定了各地区的经济发展与町村建设总体规划，以及国土利用与开发的中长期规划，通过多元化投资主体的招商引资，积极推动农村工业化建设。在此基础上进一步推行广域行政，合町并村，加强农村基础设施的建设等措施，农村生活条件得到极大的改善，较早实现了农村生活城市化。

（二）日本农业现代化的措施

1. 政府立法保障和高补贴政策。日本政府对农业的扶持，主要包括立法保障、高财政补贴和税收优惠等。日本政府通常会根据农业区域特点以及农业发展各个时期的实际需求，通过立法把农业发展的政策、目标以及措施法律化来保障农业发展。日本是世界上实施高农业补贴的国家之一，系列补贴主要包括：农业现代化基础设施补贴、农产品价格补贴、农业贷款利息补贴以及强制性的农业保险补贴等，保障了农业持续、稳定的发展。

2. 把农业科学技术研究作为发展农业的基础。日本对农业教育、农业科技研究、农业技术的推广以及农业从业人员的培训等具有明确的等级档次，并给予了充足的经费和政策的大力扶持。面向全国的国立研究所主要进行基础性和应用性研究；面向地区的公立研究所主要进行区域性开放性研究；私立研究所主要进行具有前瞻性和具有潜在市场价值的应用性开发研究。日本农业大学也分为不同档次从事相应的农业教育和培训：第一类农科教育主要承担着日本的高等农业教育和农业高层次人才的培养；第二类农科教育主要针对从业人员和农村骨干力量的农业技术和经营管理方面的知识和技能的教授；第三类农科教育主要进行基础的农业知识教育。通过针对不同层次教育对象的不同阶梯的农业教育和培训，为日本农业现代化发展培养了不同系列层次的农业科技和管理人才。

3. 日本农协的桥梁作用。农协作为农村综合服务的民间组织，承担着农业生产指导、农业生产资料的运输、农产品的加工和销售、农村信贷服务以及农业技术的推广。同时作为行政手段在维护社会稳定和繁荣农村社会发展过程中也起着不可替代的作用。总之，在农协的组织下，通过其广泛的经营项目和高效的运作，不仅促进了日本农业的规模经营，提高了农业现代化的整体竞争力，进一步推动了农业的市场化和产业化进程；而且通过农协的严密组织和管理，为农民提供了方方面面的社会化服务，促进了农村现代化生活的不断进步。

（三）对中国农业现代化发展的启示

1. 通过多层次立法构建农业现代化的制度保障。中国政府高度重视农业现代化发展，并通过一系列法律法规和政策措施为其提供坚实的立法保障。《中华人民共和国农业法》明确农业现代化目标，强调科技兴农、农业产业化经营和可持续发展。《中华人民共和国农村土地承包法》（2018年修正）稳定土地承包关系，允许经营权流转，促进规模化、集约化经营，赋予农民长期而有保障的土地使用权。《中华人民共和国乡村振兴促进法》（2021年施行）将农业现代化纳入乡村振兴战略，对于促进农业全面升级、农村全面进步、农民全面发展，具有重要意义。《中华人民共和国种子法》（2021年修订）全方位扩大了植物新品种保护范围，推进种业自主创新、保障中国粮食安全具有重要意义。通过多层次立法构建了农业现代化的制度保障。但是，有些法律缺乏因地、因时制宜的适应性，对执法缺乏有效的监管。未来需进一步聚焦农业科技创新、绿色发展与国际合作，确保农业现代化与乡村振兴协同推进。特别需要加强农业和农村基础设施建设生活环境建设和农村环境保护。

2. 切实加强和完善农业科研—教育—推广体系。完善的农业科研—教育—推广体系是推动农业现代化、实现乡村振兴的关键路径。目前，中国农业科研机构分工不太明确，职能定位模糊，各级科研机构之间缺少协作配合。在科研项目选题上，较少考虑农业农民现实需求，而且往往是比较宏观和抽象的理论探究，具有实用性且实际推广价值的科研项目甚少，内卷现象严重，甚至有些科研机构根据自己的偏好选择性立项。农业教育和培养体系、专业设置传统过时，严重偏离现代农业发展需求，有些农业院校甚至招不到学生，农业院校的某些专业毕业生面临着毕业即失业的困境。农技推广人员向系统外流失严重，有很大一部分农技推广人员在从事非本职工作；在职的农技推广人员知识和技术老化。因此，应借鉴日本农业科研—教育—推广体系建设经验，建立一个以政府为主导的集科研、教育和推广体系。聚焦需求导向，建立"产业需求清单"机制，由农业企业、合作社和农户提出技术难题，科研机构针对性攻关。以农业高校、社会非营利性机构、龙头企业和民间机构为补充的推广体系。设立区域性农业科研中心，针对本地特色产业开展差异化研究。完善科研评价机制，增加成果转化及应用落地在科研考核中的权重。采用职能式的管理体制，确立明确的岗位职责和具体的服务年限，实行以农技开发部门为依托，以农业和农民需要为中心的运行机制，为农业产前、产中和产后提供一条龙服务。这一体系的协同运作能够加速农业科技成果转化、培养高素质农业人才，并最终提升农业生产效率和农民收入。

3. 培育农民经济合作组织。日本的农协具有强大的社会化服务功能，涵盖了信贷、保险、销售全产业链服务，覆盖全国90%以上农户，在日本现代农业的发展中发挥了重要的作用，对于中国来说是一个成功的借鉴。中国的大部分农村仍处于放任自流的状态，虽然也有村委会，但更多数侧重于一些简单的农村事务管理。因此，亟待建立农民的经济合作组织来组织农民的生产经营活动。根据实际选择专业合作社、股份合作社或协会等，推动建立与龙头企业、科研机构形成"公司＋合作社＋农户"的管理运营模式，延伸产业链服务，从种植向加工、仓储、物流延伸等。加强与农业院校、企业合作，提供技术培训和指导，通过系统化的组织培育和持续创新，使农业合作组织成为乡村振兴的重要引擎，推动小农户与现代农业有机衔接。

六、国外农业现代化对我国的启示

（一）家庭式农业经营制与雇佣型大农场经营制的争议

在资本主义私有财产制度下，由于土地这种农业生产资料的不可再生性，农场规模的扩大很大程度上有赖于对小地产的购买和合并，一旦小地产所有者不愿出卖土地，大生产扩大的规模就慢得多。从美国和法国农业资本主义雇佣经营发展的实践来看，通过自由竞争在所有权自耕农基础上产生的农业资本主义雇佣经营制转变进展十分缓慢。大农场制度的支持者认为，雇佣型大农场具有规模经济优势：第一，大农场劳动人数多，可以细化劳动分工提高劳动者的熟练程度。第二，大农场便于农业机械的推广应用，可以充分发挥农业机械具有的规模效益递增性，提高农耕效率。第三，大农场可以利用资金积累用于更多的科研和技术开发，从而提高农场自主技术创新。第四，大农场在与外部市场交易时具有交易优势，降低购入交易成本或提高出售交易价格。小农制的支持者则认为，第一，在过剩劳动力存在的条件下，存在着隐蔽性失业和季节性失业，实行耕者有其田的小农制显然优于雇佣农场制，这在广大发展中国家表现尤为明显。第二，由于雇佣农场工人无法通过工资劳动维持其正常生活，需要通过耕种小块土地来弥补生活。第三，农业生产在相对广阔的空间进行，劳动的空间分布比较分散，家庭农场经营不存在雇佣农场中存在的高昂雇佣劳动监督成本。第四，家庭农场的生产多样性和灵活性更能适应市场的不确定性需求。从农业现代化的发展历史来看，19世纪晚期前的英国和其他西方资本主义国家雇佣型农场经营，是特定历史条件下的产物。一方面，农业具有劳动密集型特点，当存在廉价的农村劳动力时，农业劳工价格低廉；另一方面，当时条件下各国尚未建立起有利于小农经营的社会公共服务体系，家庭经营方式的优势难以正常发挥出来。随着19世纪晚期粮食价格高涨和农业劳工价格低廉这种雇佣型农场兴盛的特定历史条件的消失，西方资本主义国家的农业资本主义进入危机。相反，19世纪的英国是雇佣经营发展程度最高的国家，20世纪却似乎演变为家庭农场排挤雇佣农场，曾经被认为是现代农业发展障碍的家庭式农业经营不仅没有被排挤，又重新占据了农业经营的主导地位。以家庭经营为主体的法国农业经营结构在整个19世纪也并未出现家庭经营农场被雇佣型农场排挤的明显趋势。已经高度资本化和机械化的美国大农场，其实绝大多数仍然是家庭经营的农场。历史发展的悖论否定了小农经营无法发展农业生产力的论断。

（二）农业部门与工业部门机械化生产的特殊性

在工业部门，一条龙的流水线机械化生产与装备，劳动具有强烈的分工性质，能够充分发挥大企业生产的时空效能和绝对规模优势。但是在农业部门，尽管农业生产的机械化能够提升农业生产效率，由于受农业生产季节性客观因素的影响，农业生产的作业流程在时间间隔上是广泛分离的，存在季节性歇业和失业，生产的季节性使农业生产缺少流水线作业特征，也使农业劳动缺乏专业化色彩。另外，农业生产还受土地自然连片等天然因素的影响，在空间上也存在着生产性分离，加之农业生产中劳动分工的离散性。农业机械的专业性较强，除了农忙季节，农业机械的闲置率很高。综合这些因素来看，农业生产机械化设备只能走综合小型化发展道路。

（三）土地物权在农业现代化进程中发挥着重要的基础功能

土地是农业经济活动和市场功能发挥的基础，土地在许多发展中国家也是农村和城镇穷人最重要的资产。土地物权是指权利人依法对土地享有的直接支配和排他的权利，是物权的重要组成部分。土地产权及其利益的不公平分配极易导致整个社会的不公平现象，甚至加剧国家体系内的贫富悬殊等不平等现象。在现实中，土地权利得不到有效保护的现象却又普遍存在。随着市场经济中土地经济价值的不断升值，加之可利用土地本身的稀缺，土地利用效率已成为各国土地利用和政策研究的重点关注对象。首先，土地的国有化现象，并非社会主义国家所特有，不同国家的土地国有化政策、法律背景和实施方式差异较大。外国土地国有化是指一国政府通过法律或政策手段将私有土地收归国家所有或控制。完全国有化形式中，土地所有权完全归属国家，个人或企业仅拥有使用权；部分国有化形式中，国家通过征收、征用特定土地（如基础设施建设、公共利益项目）实现控制；渐进式国有化中，通过税收或环保法规对未开发土地征收高额税费，间接限制私有土地权利，促使地主出售土地给政府。如何提高国有土地的使用效率，成为各国土地政策制定过程中面临的共性问题。发达国家通常在尊重私有产权基础上，严格法律程序并给予高额补偿征收。发展中国家更倾向于通过国有化解决效率与公平两者的平衡。总的来看，国外的土地政策将通过各种法律法规在不断完善土地产权基础上，尽可能明确各个对象在具体实施过程中的权责，从而提高国有土地产权效率。其次，增强农民土地物权的效率。不同国家根据自身法律、农业发展阶段和社会文化背景，采取了各具特色的措施来提高农民土地物权的确定性和流动性，从而提升农业生产效率。主要包括以下措施：第一，完善土地产权制度明确产权界定如巴西通过土地登记制度明确农民土地所有权简化产权转移程序；美国各州建立了高效的土地交易登记系统保障继承权；其他许多国家确保农民土地可以合法继承等。第二，土地登记与确权。如荷兰建立了全国统一的数字化土地登记系统简化登记程序；泰国降低了小农土地登记的费用；非洲一些国家采用参与式测绘方法确权。第三，法律保障措施。如德国宪法明确保护土地私有权；印度设立专门处理土地纠纷的快速土地法庭限制征收权力；加拿大对政府征收农民土地设定了严格条件。第四，金融与市场机制。法国建立了完善的农地抵押贷款体系；韩国通过土地银行制度促进土地流转和规模经营；美国农民可通过土地信托获得长期稳定收益。第五，技术支持。澳大利亚广泛使用地理信息系统应用进行精准土地管理；瑞典采用区块链技术记录土地交易；肯尼亚通过手机移动端服务提供土地登记和查询服务。最后，在健全农民土地物权救济路径方面，外国健全农民土地物权救济的路径和措施因各国法律体系、历史背景和社会制度的不同而有所差异，但通常包括以下核心机制和措施：第一，明确土地物权立法。通过宪法、民法典或专门土地法明确农民土地物权的范围。如德国《民法典》确立土地物权体系，区分所有权、用益物权和担保物权；巴西《土地法》规定农村土地的使用权和征收补偿标准；日本的《不动产登记法》要求土地交易必须登记。第二，行政救济途径。印度的《土地征收法》允许农民对政府征地、土地管理行为不服时可向行政机关提起行政复议与申诉；南非通过设立独立机构（土地权利保护委员会）处理土地纠纷。第三，司法救济途径。美国针对政府违法征地或行政侵权，农民可提起行政诉讼；法国对土地权属、合同纠纷等可通过普通法院解决；肯尼亚设立专门法庭快速处理土地争议。第四，替代性纠纷解决机制。越南农村普遍采用社区非诉讼方式调解土地纠纷，泰国的《土地争议解决法》规定地方仲裁委员会优先处理土地纠纷。第五，土地改革与政策保障。津巴布韦通过土地分配再计划解决土地不公平；韩国的《土地征收补偿法》规定公平补偿标准要求按照市场价补偿。

第七章

马克思土地产权理论及在中国式农业农村现代化的实践创新

一、马克思土地产权理论

马克思以其唯物辩证法作为根本方法对土地产权制度进行了科学的分析，形成了科学的理论体系。

（一）马克思土地产权权能理论

从马克思的产权分析来看，无论是公有产权还是私有产权，土地产权是最主要的一种表现形式，土地产权权能理论是整个土地产权理论体系的基础。土地产权是指由土地所有权及所有权衍生出来的占有权、使用权、处分权、收益权、出租权、转让权等权能组成的权利束。

1. 土地所有权。土地所有权，是土地其他各项产权权能的基础。马克思认为："土地所有权的前提是，一些人垄断一定量的土地，把它当做排斥其他一切人的、只服从自己私人意志的领域。"①在这个前提下，"土地的这种使用，完全取决于不以他们的意志为

---

① 马克思恩格斯文集（第7卷）[M]. 北京：人民出版社，2009：695.

转移的经济条件".①"不管它们的法律形式如何不同，都转化为同这种生产方式相适应的经济形式。……在私有制条件下，它一方面使土地所有权从统治和从属的关系下完全解脱出来，另一方面又使作为劳动条件的土地同土地所有权和土地所有者完全分离，土地对土地所有者来说只代表一定的货币税，……这样，土地所有权就取得了纯粹经济的形式."② 而地租是土地所有权的特殊经济表现，即"在一定时期内按契约规定支付给土地所有者即他所开发的土地的所有者一个货币额。这个货币额，不管是为耕地、建筑地段、矿山、渔场还是为森林等等支付的，统称为地租".③ 因此，"地租是土地所有权在经济上借以实现即增殖价值的形式".④ "不同地租形式的这种共同性——地租是土地所有权在经济上的实现，即不同的人借以独占一定部分土地的法律拟制在经济上的实现".⑤ 马克思进一步指出："土地所有权的正当性，和一定生产方式的一切其他所有权形式的正当性一样，要由生产方式本身的历史的暂时的必然性来说明，因而也要由那些由此产生的生产关系和交换关系的历史的暂时的必然性来说明."⑥

2. 土地占有权。土地占有权是指经济主体对土地实际控制和支配的权利。马克思认为，"实际的占有，从一开始就不是发生在对这些条件的想象的关系中，而是发生在对这些条件的能动的、现实的关系中，也就是实际上把这些条件变为自己的主体活动的条件".⑦ 这表明土地占有权主要是由现实生产方式及其土地制度决定的。在土地公有产权制度中，占有主体一般拥有使用权。同时，

---

① 马克思恩格斯文集（第7卷）[M].北京：人民出版社，2009：696.
② 马克思恩格斯文集（第7卷）[M].北京：人民出版社，2009：697.
③④ 马克思恩格斯文集（第7卷）[M].北京：人民出版社，2009：698.
⑤ 马克思恩格斯文集（第7卷）[M].北京：人民出版社，2009：715.
⑥ 马克思恩格斯文集（第7卷）[M].北京：人民出版社，2009：702.
⑦ 马克思恩格斯全集（第46卷）[M].北京：人民出版社，1979：493.

土地占有权和占有关系并非仅具有实际的经济关系，而且具有法律的属性。马克思指出："在实行货币地租时，占有并耕种一部分土地的隶属农民和土地所有者之间的传统的合乎习惯法的关系，必然转化为一种由契约规定的、按实在法的固定规则确定的纯粹的货币关系。"① 因此，区分土地的所有权和占有权，应根据不同的情况，从经济学和法学的结合上做出全面的诠释。

3. 土地使用权。土地使用权是土地产权中最重要的权能之一，是指土地实际使用者根据一定的契约规则实际利用土地的权利。关于土地使用权马克思在《资本论》中作了精辟的论述。其中，在论述地租的表现形式时，指出："在考察地租的表现形式，即为取得土地的使用权（无论是为生产的目的还是为消费的目的）而以地租名义支付给土地所有者的租金时，必须牢记住，那些本身没有任何价值，即不是劳动产品的东西（如土地），或者至少不能由劳动再生产的东西的价格，可以由一些结合在一起的非常偶然的情况来决定。"②

4. 土地的出租权。土地的出租权是马克思论述最多的土地产权权能。《资本论》地租理论全面论述了土地出租权问题。在资本主义私有制条件下，土地所有者一般不直接从事农业生产经营，而是以土地租赁的方式把土地出租给农业资本家经营。农业资本家通过雇佣农业工人直接从事农业生产活动，并把剥削雇佣劳动剩余价值的一部分以地租形式缴纳给土地所有者。"构成现代社会骨架的三个并存的而又互相对立的阶级——雇佣工人、产业资本家、土地所有者。"③ 正如马克思所指"土地所有权本身已经产生地租"④。马

① 马克思恩格斯文集（第7卷）[M]. 北京：人民出版社，2018：902.
② 马克思恩格斯文集（第7卷）[M]. 北京：人民出版社，2009：714.
③ 马克思恩格斯文集（第7卷）[M]. 北京：人民出版社，2009：698.
④ 马克思恩格斯文集（第7卷）[M]. 北京：人民出版社，2009：854.

克思进一步指出"土地所有权依靠它对土地的垄断权……从而提高自己地租的价值和土地本身的价格"。①

5. 土地处分权、继承权和抵押权。土地处分权是土地所有权运行的表现形式，是指土地所有者最终决定如何安排、处分土地的权利。在租约期满后，只有土地所有者才有权处分自己的土地。马克思是如是论述的"在通常以 99 年为期的租约期满以后，土地以及土地上的一切建筑物，以及在租佃期内通常增加一两倍以上的地租，都会从建筑投机家或他的合法继承人那里，再回到原来那个土地所有者的最后继承人手里"。② 马克思的论述表明了土地所有者不仅拥有最终对土地的处分权，同时也说明了土地产权拥有一定的继承权。这种继承权不仅包括土地所有权，也包括土地的占有权和土地的受益权。马克思指出："土地的占有者、土地的受益者，并且他们应当作为好家长把经过改良的土地传给后代。"③ "对资本主义生产方式来说，土地所有者是否负债，他的土地是继承来的，还是买来的，这是完全没有关系的。他究竟是自己收取地租，还是必须再把它付给一个抵押债权人，这不会在租地农场本身的经营上引起任何变化。"④ 由此可见，对土地抵押权已为马克思所论及。

（二）马克思土地产权的结合与分离理论

土地产权的结合与分离，是土地产权制度随着社会生产力的发展不断扬弃和发展的过程。这种结合与分离首先必须是适应生产力发展的必然要求；其次，分离和独立后的土地产权主体必须在所形成的新的经济关系的基础上获得现实上的经济利益。

---

① 马克思恩格斯文集（第 7 卷）[M]. 北京：人民出版社，2009：719.
② 马克思恩格斯文集（第 7 卷）[M]. 北京：人民出版社，2009：876.
③ 马克思恩格斯文集（第 7 卷）[M]. 北京：人民出版社，2009：878.
④ 马克思：《资本论》第三卷（纪念版）[M]. 北京：人民出版社，2018：916.

1. 私有产权制度下土地产权的结合与分离。从产权起源来看，有土地公有产权和土地私有产权。在奴隶制土地私有产权制度下，奴隶主不仅完全拥有土地的全部产权，而且还拥有奴隶的全部人身权利，这是奴隶制土地私有产权制度的典型特征。

在封建土地产权制度下，地主拥有土地所有权，农民是土地占有权和使用权主体。农民是"直接生产者不是所有者，而是占有者，并且他的全部剩余劳动实际上依照法律都属于土地所有者"。①

资本主义土地私有产权制度是一种最具代表性的土地私有产权制度。在资本主义土地私有产权制度下，土地同土地所有权和土地所有者完全分离，土地所有者凭借土地所有权获取地租，工人成为除拥有自身劳动力产权以外一无所有的雇佣劳动者直接受雇于农业资本家进行生产活动。这样就形成了资本主义土地私有产权制度中三个相互依存又相互对立的阶级，"构成现代社会骨架的三个并存的而又互相对立的阶级——雇佣工人、产业资本家、土地所有者"②，即土地所有者、产业资本家和雇佣工人。

在土地私有产权制度下，"在劳动地租、产品地租、货币地租这一切地租形式上，支付地租的人都被假定是土地的实际耕作者和实际占有者，他们的无酬剩余劳动直接落入土地所有者手里"。③

2. 公有产权制度下土地产权的结合与分离。马克思通过对原始土地公有产权各种形式的考察，认为原始公社的产权基本上是公有产权，而原始公有产权又主要体现在土地产权的公有上，土地是共同体的基础。"每一个单个的人，只有作为这个共同体的一个肢体，作为这个共同体的成员，才能把自己看成所有者或占有者。"④ 在

---

① 马克思恩格斯文集（第7卷）[M]. 北京：人民出版社，2009：896.
② 马克思恩格斯文集（第7卷）[M]. 北京：人民出版社，2009：698.
③ 马克思恩格斯文集（第7卷）[M]. 北京：人民出版社，2009：907.
④ 马克思恩格斯全集（第46卷）[M]. 北京：人民出版社，1979：472.

所有这些形式中，都存在以下特点：

第一，对劳动的自然条件的占有，不是通过劳动进行的，而是劳动的前提；第二，拥有土地财产作为客观的存在形式，这种客观的存在方式是他的活动的前提，并不是他的活动的简单结果。在主观方面个人本身作为某一公社的成员就成为前提，他以公社为媒介才发生对土地的关系。"不管怎样，公社或部落成员对部落土地的关系的这种种不同的形式，部分地取决于部落的天然性质，部分地取决于部落在怎样的经济条件下实际上以所有者的资格对待土地。"①

马克思进一步指出："劳动主体所组成的共同体，以及以此共同体为基础的财产，归根结底归结为劳动主体的生产力发展的一定阶段，而和该阶段相适应的是劳动主体相互间的一定关系和他们对自然界的一定关系。"② 即共同体的解体和相应的土地产权制度的变迁，最根本的原因在于生产力的发展。在土地公有的情况下，可以采取"部分共同体"的形式，作为公有制实现的补充形式。也就是说，在这种形式的土地公有产权制度下，仍然存在着土地所有权与直接生产者对土地的占有权、使用权等的分离。

马克思关于社会主义土地公有产权制度的思想：在论述关于社会主义土地集体产权制度的思想时指出，无产阶级革命胜利后，要"以政府的身份采取措施"，"让农民自己通过经济的道路来实现"③。在论述关于社会主义土地国有产权制度的思想时指出，"土地只能是国家的财产"④。土地国有产权制度是向共产主义无土地产权制度过渡的中介形式。⑤

---

① 马克思恩格斯全集（第46卷）[M]．北京：人民出版社，1979：484．
② 马克思恩格斯全集（第46卷）[M]．北京：人民出版社，1979：496．
③ 马克思恩格斯选集（第二卷）[M]．北京：人民出版社，1995：635．
④ 马克思恩格斯全集（第18卷）[M]．北京：人民出版社，1979：67．
⑤ 参见洪名勇．马克思土地产权制度理论研究 [M]．北京：人民出版社，2011．

二、马克思土地产权理论的创新

（一）对土地产权认识的不断深化

以毛泽东为核心的第一代领导集体在农民与土地产权问题上经历了从逐步了解到不断深化的认识过程。中国共产党历史上第一个土地法——《井冈山土地法》提出"没收一切土地归苏维埃政府所有"[①]。以毛泽东为核心的第一代领导集体根据当时中国革命和建设的需要，把解决农村土地产权归属问题作为突破口，提出在探索如何消灭土地私有制问题上采取两步走方针：第一步，由封建土地私有制变革为农民土地所有制；第二步，由农民土地所有制变革为社会主义集体所有制。形成了依靠贫农，联合中农，限制富农，消灭地主阶级，变封建的土地所有制为农民的所有制。条件成熟后再废除土地私有制。新中国成立后，通过农业的社会主义改造，最终实现了农村土地集体所有制。

（二）农村土地集体产权的形成逻辑及其特点

土地改革后不久，中共中央开始按照预定的农业合作化路径，从互助组到合作社再到人民公社，实现了土地产权制度的变革。

互助组只是农业生产上的劳动互助，土地归农民个人所有，是一种私有产权下的小生产合作，这一"互助"并未改变农民土地的产权结构和产权关系。

初级农业生产合作社，实现了土地所有权与使用权的初级分离，但是收益权、处置权由合作社控制，形成了合作社的共有产权

---

① 中共中央文件选集［M］. 北京：中共中央党校出版社，1991：311.

结构，农民在"自愿互利"的基础上可退社可买卖。

高级农业生产合作社是一种土地产权关系极为单一的产权结构，在这种产权结构下，土地所有权、使用权、收益权、处置权等均收归集体所有，农民不再作为独立的利益主体参与土地的使用，劳动变为集体产权下的劳动计酬。

在"三级所有，队为基础"的集体所有制度下，包括土地在内的一切农业生产资料都收归农民集体所有，公社、生产大队、生产队各自拥有在其范围内的土地财产权，都有参与土地收益的部分分配权。生产队表现为不完全的土地所有者和使用主体。农民不仅失去了土地等生产资料，同时还失去了对自己劳动力的自由支配权利，农民的劳动变为基于生产队基本单元下的集体统一劳动。

（三）以农地产权制度为核心的家庭联产承包责任制

1. 从集体所有集体经营到集体所有农户承包经营。家庭联产承包责任制这种土地产权制度是中国农民的伟大创举，1978 年小岗村18 位农民签下了一份农村土地包干保证书，开创了家庭联产承包责任制的先河。1982 年中共历史上第一个关于农村的中央一号文件出台，明确指出包产到户、包干到户都是社会主义集体经济的生产责任制，明确了家庭联产承包责任制的合法地位。家庭联产承包责任制这是以邓小平为核心的党的第二代领导集体在指导中国农村改革中取得的伟大成果，实现了中国土地使用权的革命。

家庭联产承包责任制以土地承包关系为基本内容，土地集体所有制度下，农户向集体承包经营，获得一定期限的土地使用权，实现了家庭分散经营与集体统一经营的结合，实现了土地所有权与经营权的分离，农民"交够国家的，留足集体的，剩下全是自己的"，拥有了经营自主权和剩余劳动的处置权。这一土地使用权的革命，极大地提高了农民的生产积极性，不仅在实践上解决了广大中国农民的吃饭问题，推动了我国农村经济的飞跃发展，同时也是对马克思土地产权理论的创新。

2. 从农户承包经营到承包经营权流转。农村集体产权制度改革的主要内容就是实现农地集体所有权与农户家庭承包权的分开，在此基础上不断完善家庭承包经营权的权能结构。邓小平在系统总结中国农业第一次飞跃的理论和实践的基础上，进一步提出要"发展适度规模经营，发展集体经济"①。发展适度规模经营，根本上就是要促进土地使用权流转，即在坚持土地集体所有权、稳定农户承包经营权的基础上，农户可以将土地的使用权通过出租、转包等形式进行转让。从 1982 ~ 2014 年，中共中央连续通过十六个中央一号文件对农地产权制度改革不断加以完善。

2003 年 10 月，中共十六大第一次提出在稳定家庭承包经营的基础上的土地承包经营权流转问题，"坚持党在农村的基本政策，长期稳定并不断完善以家庭承包经营为基础，统分结合的双层经营体制，有条件的地方可以按照依法、自愿、有偿的原则进行土地承包经营权的流转，逐步发展规模经营"。2003 年颁布的《中华人民共和国农村土地承包法》第三十二条进一步规定："通过家庭承包取得的土地承包经营权可以依法采取转包、出租、互换、转让或者其他方式流转。"

2008 年 10 月，中共十七届三中全会通过了《中共中央关于推进农村改革发展若干重大问题的决定》中，将土地承包期由"长期不变"修改为"长久不变"，在此基础上，提出允许农民以多种形式流转土地承包经营权，建立健全农村土地承包经营市场。

3. 新时代的创新——"三权分置"。中国农村土地集体产权制度，是对马克思土地产权制度理论的不断发展与创新。农村集体产

① 邓小平文选（第三卷）[M]. 北京：人民出版社，1993：355.

权制度改革重点是适应社会主义市场经济要求，构建产权关系明晰、治理架构科学、经营方式稳健、收益分配合理的运行机制。①

第一，基于"两权分离"的农村土地集体产权制度的困境。以家庭承包为主要形式，"统一经营"与"分散经营"相结合，农村土地的集体所有权与农户承包经营权相分离，农地的占有权、使用权、收益权、处分权等权能逐步在集体所有权与农户承包经营权之间进行分割。基于"两权分离"的农村家庭联产承包责任制是我国农地产权制度的重大制度创新。在农村实行家庭联产承包责任制，将土地所有权和承包经营权分设，所有权归集体，承包经营权归农户，极大地调动了亿万农民积极性，有效解决了温饱问题，农村改革取得重大成果。对我国农业经济发展、农村社会稳定以及农民生活水平的提高发挥了巨大的作用。但是，首先随着我国工业化、城镇化进程的加快，大量农业人口转向第二和第三产业，农民的职业分化特征明显，农村"空心化"现象越来越严重。其次，农地流转比例快速增长。越来越多的证据表明，无论是承包土地的外出务工的农户数量还是土地流转率在未来一段时间内仍然呈不断增长的趋势。农地承包主体与经营主体的城乡分离解构了农地承包权与经营权的统一，当前农地承包主体与经营主体发生了事实上的分离，而且呈分离加速的趋势。完善和创新农村土地集体产权制度是适应这种制度环境变化的必然要求。另外，农村集体土地产权模糊。一般认为，判断某一产权是否清晰的重要标准：一是看产权主体是否清晰；二是看产权客体是否清晰。我国农村集体土地产权制度的主体并非明晰。虽然《中华人民共和国宪法》《中华人民共和国农村土地承包法》《中华人民共和国农业法》等多部法律都明确规定了农村土地归农民集体所有，但对"农民集体"并未给出明确的解释。

---

① 习近平. 加快建设农业强国　推进农业农村现代化［J］. 奋斗，2023（3）：16.

另外，《中华人民共和国物权法》第六十条规定：属于村农民集体所有的，由村集体经济组织或者村民委员会代表集体行使所有权；但是法律法规中自始至终没有对农村集体经济组织给予明确的定位。我国现有农村集体土地产权制度明确界定和分离了农村集体土地的所有权和承包生产经营权，但并未对土地承包经营权进行更为明确的界定，在实际运行中缺乏明确的制度依据和法律依据。此外，对土地承包经营权各项权能的界定尚需进一步法律化和制度化。

第二，土地产权制度的重大创新——"三权分置"。习近平总书记首次提出农地"三权分置"是在 2013 年的中央农村工作会议上。为进一步健全农村土地产权制度，推动新型工业化、信息化、城镇化、农业现代化同步发展，2016 年 10 月，中共中央办公厅、国务院办公厅印发《关于完善农村土地所有权承包权经营权分置办法的意见》（以下简称《意见》），正式提出了农村土地集体产权的"三权分置"，《意见》指出："现阶段深化农村土地制度改革，顺应农民保留土地承包权、流转土地经营权的意愿，将土地承包经营权分为承包权和经营权，实行所有权、承包权、经营权分置并行。""三权分置"——始终坚持农村土地集体所有权的根本地位，土地集体所有权人对集体土地依法享有占有、使用、收益和处分的权利。农民集体是土地集体所有权的权利主体，在完善"三权分置"办法过程中，要充分维护农民集体对承包地发包、调整、监督、收回等各项权能，发挥土地集体所有的优势和作用。

2017 年，党的十九大报告《决胜全面建成小康社会夺取新时代中国特色社会主义伟大胜利》中对农地"三权分置"做了方向性规定，指出要进一步完善承包地"三权分置"制度。2017 年中央一号文件《关于深入推进农业供给侧结构性改革加快培育农业农村发展新动能的若干意见》中指出："积极发展适度规模经营。大力培育新型农业经营主体和服务主体，通过经营权流转、股份合作、代耕代种、土地托管等多种方式，加快发展土地流转型、服务带动型等多种形式规模经营。加强农民合作社规范化建设，积极发展生产、供销、信用'三位一体'综合合作。"

2018 年中央一号文件《中共中央　国务院关于实施乡村振兴战略的意见》指出："深化农村土地制度改革。加快土地管理法修改，完善农村土地利用管理政策体系。扎实推进房地一体的农村集体建设用地和宅基地使用权确权登记颁证。完善农民闲置宅基地和闲置农房政策，探索宅基地所有权、资格权、使用权'三权分置'，落实宅基地集体所有权，保障宅基地农户资格权和农民房屋财产权，适度放活宅基地和农民房屋使用权，不得违规违法买卖宅基地，严格实行土地用途管制，坚持农村集体产权制度改革正确方向。"

2019 年中央一号文件《中共中央　国务院关于坚持农业农村优先发展做好"三农"工作的若干意见》中指出："深化农村土地制度改革。保持农村土地承包关系稳定并长久不变，……完善落实集体所有权、稳定农户承包权、放活土地经营权的法律法规和政策体系。……健全土地流转规范管理制度，发展多种形式农业适度规模经营，允许承包土地的经营权担保融资。"

"三权分置"是农村基本经营制度的自我完善，符合生产关系适应生产力发展的客观规律，展现了农村基本经营制度的持久活力。是继家庭联产承包责任制后农村改革又一重大制度创新。有利于明晰土地产权关系，更好地维护农民集体、承包农户、经营主体的权益；有利于促进土地资源合理利用，构建新型农业经营体系，发展多种形式适度规模经营，提高土地产出率、劳动生产率和资源利用率，推动现代农业发展。"三权分置"严格保护农户承包权，农户享有土地承包权是农村基本经营制度的基础，要稳定现有土地承包关系并保持长久不变。土地承包权人对承包土地依法享有占有、使用和收益的权利。"三权分置"加快放活土地经营权，赋予经营主体更有保障的土地经营权，是完善农村基本经营制度的关键，土地经营权人对流转土地依法享有在一定期限内占有、耕作并取得相应收益的权利。未来要正确运用"三权分置"理论指导改革实践，不断探索和丰富"三权分置"的具体实现形式。

第八章

中国农村土地制度变迁实践

土地问题是关乎国计民生的根本性问题，历史上许多朝代的兴衰更迭以及党派之争都与土地制度密切相关。中国的土地制度变迁经历了漫长的历史过程，反映了社会经济结构、政治制度和意识形态的演变，土地制度变迁及其政策变化深刻影响着国家发展和民生福祉。

一、早期中国农村土地政策的调整

（一）国民革命时期

孙中山先生"联俄、联共、扶助农工"三大政策的背景下，开始了"耕者有其田"的实践探索。1924 年 8 月 17 日，孙中山在广东省高等师范学校讲授《民生主义》第三讲中指出："我们要解决农民的痛苦，归结是要耕者有其田。这个意思就是要农民得到自己劳苦的结果；要这种劳苦的结果，不令别人夺去。现在农民劳动的结果，在农民自己只能分到四成，地主得了六成，政府所抽的捐，都是农民出的，不是由地主出的。像这种情形，是很不公平的。"第一次正式提出了"耕者有其田"的口号。1924 年国民党一大会议上高度评价了农民在国民革命中的地位，并重申了"平均地权"的核心要义，国民党中央相继决定成立农民部和农民运动委员会，公布了《农民协会章程》，这是近代中国农民运动史上第一个具有全国性的组织纲领。"耕者有其田"的政策主张土地应为农民所有，农产品要归农民支配。孙中山认为，只有这样，才能消灭封建土地所有制，才能消除封建地主对农民的残酷剥削，才能提高劳动者的生产积极性，促使社会生产力的发展。1927年中国共产党的八七会议，井冈山革命根据地的创建，开启了由大革命失败到土地革命战争兴起的历史性转变。

（二）土地革命时期

国民革命失败后，中国共产党在八七会议上确定了土地革命和武装反抗国民党的总方针。为了满足农民的土地要求，1928年中共六大明确规定没收地主阶级的一切土地，确定了依靠贫农，雇农，联合中农，限制富农，保护中小工商业者，消灭地主阶级的土改路线，对富农的策略也有调整。但土地所有权等问题依然没有解决。通过1931土地革命建立了农民土地所有制，巩固了农村革命根据地，使广大贫雇农政治上翻了身，经济上分到土地，生活上得到了保障，极大调动了他们革命的积极性。在这期间，毛泽东主持制定了《井冈山土地法》，规定"没收一切土地归苏维埃政府所有"。这个政策对于没有土地的农民是有利的，但是对于略有薄产的中农还是不公平的，因此这个政策也是遭到了中农的反对。为了解决这个问题，在1929年4月，毛泽东主持制定了《兴国土地法》，将"没收一切土地"改为"没收一切公共土地及地主阶级土地"。这一时期主要核心要点就是由《井冈山土地法》变为《兴国土地法》，由没收一切土地变为没收地主和公共的土地，主要照顾中农的利益。土地所有权在1931年前后才得到解决，即农民不仅获得了土地使用权，同时也获得了土地的所有权，并基本形成了一条正确的土地革命路线。

（三）抗日战争时期

在抗战时期，民族矛盾成为主要矛盾。为了团结一切力量争取抗战胜利，巩固农村革命根据地，为了争取地主阶级抗日，中国共产党在各抗日根据地停止原来没收地主阶级的土地的做法，制订了地主减租减息、农民交租交息的政策。承认了地主土地所有权、地主对农民的债权和租佃关系，对地主减租减息的同时对地主的封建剥削又进行了一定的限制。这一时期是我们党对于地主政策最不一样的一个特殊时期。同时根据抗战需要领导抗日根据地军民开展的以自给为目标的大规模生产自救运动，抗日根据地农业和工商业发展迅速，军民生活明显改善，人民负担大为减轻。大生产运动使根据地度过了严重的经济困难时期，为争取抗日战争的胜利奠定了物质基础。这一措施把巩固抗日民族统一战线与解放农民问题很好地结合起来，这一政策降低了农民租率，减轻了地主对农民的封建剥削，调动了农民的生产和抗日的积极性。同时打击了不法地主，团结了地主中的开明分子，巩固了抗日统一战线，为全民抗日提供了有力的保证。

（四）解放战争时期

随着国内主要矛盾从民族矛盾变为阶级矛盾，土地政策也开始了适时调整，从抗日战争时期的减租减息改为没收地主土地，分配给农民，废除封建性和半封建性剥削的土地制度，实行耕者有其田。极大调动了广大群众革命积极性，加速推进人民解放战争的进程。其中，1946年《关于清算减租及土地问题的指示》变减租减息为没收地主土地分配给农民，恢复了没收地主土地归农民所有的政策。总路线是：依靠贫雇农，团结中农，有步骤、有分别地消灭封建剥削制度，发展农业生产。1947 年《中国土地法大纲》要求耕者有其田，土地由地主的私有变为了农民的所有。

（五）新中国成立初期

新中国成立初期的土地改革同解放战争时期的土地改革，在总路线方面是一致的，在具体政策上又有一些调整。主要是在富农问题上，将解放战争时期征收富农多余土地和财产，改为保存富农经济。这也是一个不同的地方，新中国成立初期也是我们党对于富农最温情的时期，这一时期首要目标是消灭地主，富农是我们拉拢的对象；发展富农经济有利于国民经济的恢复，因此这一时期我们党对于富农采取保存的方式。通过土地改革运动，实行保护富农的政策，保存富农经济。两个基本原则是：一是必须满足贫雇农的要求；二是必须坚决地团结中农，不要损害中农的利益。合作化开展以后，对富农的政策采取从限制到逐步消灭的政策。表 8-1 为改革开放前不同时期土地政策简要归纳。

表 8-1　　　　　改革开放前不同时期土地政策简要归纳

时期	土地政策	作用或影响
土地革命战争时期	进行土地革命，没收地主土地分给农民	废除了封建土地制度，支援了革命战争
解放战争时期	1947 年制定《中国土地法大纲》，在解放区实行耕者有其田的土地制度	一亿多农民获得了土地，有力地支援了解放战争
过渡时期	1950 年颁发《中华人民共和国土地改革法》，分批进行土地改革。1953～1956 年，对农业进行社会主义改造，走农业合作化道路	废除了两千多年的封建剥削土地制度，消灭了地主阶级，农民做了主人，促进了农业发展

时期	土地政策	作用或影响
全面建设社会主义时期	1958 年人民公社化	挫伤了农民生产积极性，给农业生产带来消极的后果

资料来源：笔者自制。

二、新中国成立后农村土地制度的不断探索

广义的土地制度包括土地所有制度、土地使用制度、土地规划制度、土地保护制度、土地征收制度、土地税收制度和土地管理制度等。狭义的土地制度仅仅是指土地的所有制度、土地的使用制度和土地的国家管理制度。

第一阶段：土地改革阶段。刘少奇在 1950 年七届三中全会《关于土地改革问题的报告》中指出："土地改革的总路线应该是依靠贫农、雇农，团结中农，中立富农，有步骤地有分别地消灭封建剥削制度，发展农业生产。"1950 年《中华人民共和国土地改革法》明确指出土地改革的目的是"废除地主阶级封建剥削的土地所有制，实行农民的土地所有制，借以解放农村生产力，发展农业生产"。1952 年底，全国广大地区除西藏、新疆和台湾等地区外，土地改革基本完成，确立了农民土地所有制度，农民无偿获得了土地所有权与使用权等完整产权，实现了农民与土地的直接结合，有力地激发了农民的生产积极性。

第二阶段：农业生产互助组—初级农业生产合作社—高阶农业生产合作社阶段。这一阶段由低级到高级依次经历了从互助组到初级农业合作社再到高级农业合作社的发展过程。互助组是由农户自愿组织起来的生产协作组织，由于当时的农业生产条件以及农业基础设施相对落后，农民土地所有制条件下，组员的土地和其他生产

资料仍属于各户私有，这种分散经营形式难以克服落后的农业生产所带来的困境，为了解决彼此生产中的困难，一般由几户或十几户自发组成，组员之间通过劳动、耕畜、农具等的交换或合作共用以此解决各自在生产中的困难。同时，为了对农民这种自发互助合作的积极引导，中共中央于1951年适时通过了《关于农业生产互助合作的决议（草案）》指出："按照自愿互利的原则，发展农民劳动互助的积极性，这种劳动互助是建立在个体经济上的集体劳动。"它没有实质性地触及土地产权问题，生产决策权仍然由农户确定。中共中央于1953年通过的《关于发展农业生产合作社的决议》指出："实行农业的社会主义改造，使农业能够由落后的小规模生产的个体经济变为先进的大规模生产的合作经济。"初级农业合作社是在互助组的基础上而建立起来的合作组织，社员以其所拥有的土地和耕畜等生产资料以入股的形式归合作社统一使用，但农民对土地仍拥有所有权，社员共同劳动，劳动产品以按劳分配的形式实行统一分配；另外土地分红和其他生产资料可按股分红。这种初级合作社的经济组织比较符合当时的生产条件，有效地解决了共同劳动与分散经营的矛盾，把分散的土地集中连片实行适度规模经营具有一定的规模效应，较为合理的分工也有利于农业劳动生产率的提高。高级农业合作社是在初级农业合作社基础上建立起来的集体经济组织。1955年中共七届六中全会通过《关于农业合作化问题的决议》后，很快便掀起了农业生产合作社的建设高潮。1956年中央政治局通过的《1956到1967年全国农业发展纲要（草案）》："要求合作基础较好并且已经办了一批高级社的地区，在1957年基本上完成高阶形式的农业合作化，在1958年基本上完成高阶形式的农业合作化。"高阶生产合作社彻底改变了土地改革所确立的农民土地所有制，农民不再拥有土地和生产资料所有权，取消了土地和生产资料参与股份分红的制度，集中劳动共同经营。1956年全国人民代表大会通过的《高阶农业生产合作社示范章程》规定："农业生产合作社按照社会主义的原则，把社员私有的主要生产资料转为合作社集体所有，组织集体劳动。"一般认为，高级农业生产合作社就是农村土地集体所有制的雏形，其改造进程过急、过快，在推进过程中不可避免地采取了某些强制性措施，忽视了农民自身的利益，违背了农民自愿的原则，这就使农民的土地利益受到了侵害，极大影响了农民积极性。

第三阶段：人民公社阶段。1958 年中央政治局会议批准的《关于把小型的农业合作社适当地合并为大社的意见》指出："为适应农业生产和文化革命的需要，有条件的地方把小型的农业合作社有计划适当地合并成大型的合作社是必要的。"1961 年中共中央试行的《农村人民公社工作条例（修正草案）》对人民公社的性质作出了界定："人民公社是政社合一的组织。"人民公社是"三级所有，队为基础"的农村集体经济组织，公社是各生产大队的联合组织，生产大队是基本核算单位，生产队是直接组织生产活动的单位。这种"三级所有，队为基础"的制度一直延续到改革开放前。在这种制度下，土地、农具等生产资料甚至是生活资料都属于公社集体所有，社员在生产队的组织领导下统一劳动，劳动产品归集体所有，缴足国家公粮的剩余产品由集体按劳动工分制的计配方式分给社员。这种劳动分工制，缺乏有效的监督，在生产劳动中不管社员干好干坏、干多干少，只要是同种劳动，均获得相同的工分，有些人口较多而劳动力较少的社员家庭，一年劳动下来连基本的口粮都分不到。这种"一大二公"、吃"大锅饭"的平均主义严重挫伤农民的生产积极性。加之统购统销制度使国家从农业农村征收过多的粮食，导致农村社员及家庭成员经常处于饥饿或半饥饿状态。这种"三级所有，队为基础"的集体经济制度一直延续到改革开放前。

第四阶段：改革开放初期。党的十一届三中全会开启了农村工作新纪元。1987年十一届三中全会通过的《关于加快农业发展若干问题的决定（草案）》规定不许包产到户但认可了包工到组。1980年中共中央下发的《关于进一步加强和完善农业生产责任制的几个问题》提出"包产到户应当区别不同地区、不同社队，采取不同的方针"。1982年中央关于"三农"问题的第一个中央一号文件——《全国农村工作会议纪要》进一步肯定了生产责任制，提出"集体经济要建立生产责任制是长期不变的"。1983年第二个中央一号文件——《当前农村经济政策的若干问题》指出："联产承包制采取了统一经营与分散经营相结合的原则，使集体的优越性和个人的积极性同时得到发挥。"1984年第三个中央一号文件——《关于一九八四年农村工作的通知》指出："继续稳定和完善联产承包责任制。"至此，中央对农民自发的"包产到户"经过了怀疑、观望、肯定再到推广，是在党的领导下我国农民的伟大创举。农村普遍实行了家庭承包责任制，土地仍归集体所有，而经营使用权交给了农民，分配上实行"保证国家的，留足集体的，剩下都是自己的"政策，大大调动了农民的积极性，农业生产得到了迅速恢复与发展，农民的温饱问题得到基本解决。1993年第一轮土地承包期到期，国务院发布《关于当前农业和农村经济发展的若干政策措施》指出："在原定的耕地承包期到期之后，再延长三十年不变。"2008年中共十七届三中全会通过了《中共中央关于推进农村改革发展若干重大问题的决定》，再次重申"按照依法自愿有偿原则，允许农民以转包、出租、互换、转让、股份合作等形式流转土地承包经营权，发展多种形式的适度规模经营"。家庭联产承包责任制初期释放了农村生产力，解决了农民的温饱问题。

第五阶段：新时代农村土地制度创新探索。家庭承包经营实现了所有权和承包经营权"两权分离"。随着现代化进程的不断推进，家庭承包经营制度的优越性逐渐发挥殆尽。随着土地承包权主体同经营主体的进一步分离。进入新时代，对深化农村土地制度改革作出了一系列重大决策部署。2013 年的中央农村工作会议上，把农民土地承包经营权分置为承包权和经营权，这是我国农村改革的又一次重大创新。十八届五中全会明确要求，完善土地所有权、承包权、经营权分置办法。2016 年《于完善农村土地所有权承包权经营权分置办法的意见》对"三权分置"作出全面而系统的制度安排，"三权分置"土地产权制度在实践中不断完善。2014 年《关于引导土地经营权有序流转发展农业适度规模经营的意见》要求积极培育新型农业经营主体发展农业适度规模经营，2017 年《关于加快构建政策体系培育新型农业经营主体的意见》要求充分发挥政策对新型农业经营主体发展的引导作用，发展多种形式的规模经营，2018 年中央一号文件提出要落实农村土地承包关系稳定并长久不变政策。当前，我国发展质量和效益还不够高，城乡发展不平衡不充分的一些突出问题尚未得到有效解决，"大国小农"的角色定位仍然没有改变，我国农业农村正经历着广泛而深刻的历史性变革。为了创造农村新质生产力，需要进一步探索新时代农村土地制度改革的方向，推进新时代我国乡村全面振兴以及农业现代化全面发展。

三、中国共产党农村土地思想及其政策制度改革

（一）毛泽东领导的土地改革和农业社会改造

毛泽东领导的土地改革和农业社会改造是中国革命和社会主义建设的重要组成部分，其核心目标是废除封建土地所有制，实现"耕者有其田"，并通过集体化逐步过渡到社会主义农业，是对孙中山"平均地权"思想的继承和发展。概括起来，可以分为两个阶段：

第一阶段以"平均分配土地、实行土地私有制"为逻辑主线。

中国共产党在成立之初，就把推翻封建剥削制度，维护无产阶级的利益作为自己的初心。1927年八七会议确立了实行土地革命和武装斗争的总方针，为中国革命指明了新的方向。

在土地革命战争早期，毛泽东提出了以"没收地主土地归国有，实行平均分配，禁止买卖土地"为主要内容的农村土地思想。1927年毛泽东在领导秋收起义期间，提出了"打土豪，分田地"的口号。毛泽东起草的《井冈山土地法》是中国共产党领导下的革命根据地第一部土地法，1929年毛泽东主持起草制定了《兴国土地法》把《井冈山土地法》中的"没收一切土地"改为"没收一切公共土地及地主阶级的土地"进行了补充修改。1931年毛泽东提出：土地权归农民所有并允许自由买卖。在抗日战争时期，毛泽东的农村土地思想从之前的"没收地主土地"调整为"减租减息"，一方面为了团结一切抗日力量，另一方面为了改善人民群众生活，照顾各阶层利益。到解放战争时期，随着社会主要矛盾变化，毛泽东再次调整了农村土地思想，从"减租减息"调整为"没收地主土地彻底消灭封建土地制度"。《中华人民共和国土地改革法》（1950年）完整体现了"没收地主土地，按人口、劳动能力等要素平均分配，土地权归农户，允许买卖和出租"为主要内容的毛泽东这一时期的农村土地思想。

第二阶段以"推进农业社会主义改造、实行土地集体所有制"为逻辑主线。毛泽东认为，只有建立了完全的社会主义土地制度，才能从根本上解决农民的土地问题，于是构想了一条从互助组、初级社再到高级社的中国土地制度改革路径。这一土地改革思想集中体现在1951年制定《中共中央关于农业生产互助合作的决议（草案)》、1953年颁布的《关于发展农业生产合作社的决议》等一系列政策决议中。为了加快农业合作化进程，1955年7月，毛泽东组织召开了一次地市一把手工作会议并作了题为《关于农业合作化问题》

的报告，推动了农业合作化的迅猛发展，到 1956 年底，全国基本完成了农业社会主义改造。毛泽东认为，人民公社制度超越了苏联的集体农庄模式，是过渡到共产主义的一种最好的组织形式。1958 年 3 月，在"成都会议"上提出把"小社"办成"大社"的建议，认为只有"大社"才能发挥农工相互促进的优势，随后中央出台了《中共中央关于把小型的农业合作社适当地合并为大社的意见》。毛泽东时代的土地改革和农业改造是一场深刻的社会革命，实现了土地平均分配和农村权力结构重组，彻底消灭封建剥削，奠定农村社会平等的基础；但后期集体化政策的激进执行也带来了一定的经济代价。

（二）邓小平"家庭联产承包"农村土地思想及其改革

中国共产党第十一届三中全会重新确立了马克思主义实事求是的思想路线，工作重点从"以阶级斗争为纲"转移到"以经济建设为中心"，形成了以邓小平为核心的中国共产党第二代领导集体。1978 年 12 月 13 日，邓小平在中共中央工作会议闭幕会上，作了题为《解放思想，实事求是，团结一致向前看》的报告中指出："要解放思想、开动脑筋，正确地改革同生产力迅速发展不相适应的生产关系和上层建筑，根据我国的实际情况，确定实现四个现代化的具体道路、方针、方法和措施。"[①] 同时为了安定团结，在对毛泽东同志和对"文化大革命"的评价中，邓小平提出"两个丝毫不夸张"，即"没有毛主席就没有新中国，这丝毫不是什么夸张。没有毛泽东思想，就没有今天的中国共产党，这也丝毫不是什么夸张"。[②] 在邓小平改革农村生产关系、扩大生产队自主权的改革思想下，安徽省凤阳县小岗村率先开启了"分田包干"农村改革，这

---

① 邓小平文选（第二卷）［M］. 北京：人民出版社，1983：141.
② 邓小平文选（第二卷）［M］. 北京：人民出版社，1983：148 - 149.

一"分田包干"的做法，得到了邓小平的肯定。随后，国家出台的一系列政策文件，指导农村开展包产到户等各种责任制改革，彻底改变了农民缺衣少吃的局面。实行包产到户的思想实际上早在邓小平1962年在《怎样恢复农业生产》一文中就提出来了，他在文中指出："生产关系究竟以什么形式为最好，恐怕要采取这样一种态度，就是哪种形式在哪个地方能够比较容易比较快地恢复和发展农业生产，就采取哪种形式；群众愿意采取哪种形式，就应该采取哪种形式，不合法的使它合法起来。……黄猫、黑猫，只要抓住老鼠就是好猫。"①

（三）习近平"三权分置"农村土地思想及其改革

习近平"三权分置"农村土地思想是对毛泽东、邓小平土地思想的继承和发展，是我国农村土地制度的又一次重大制度创新。邓小平早在1990年3月3日《国际形势和经济问题》中指出："中国社会主义农业的改革和发展，从长远的观点看，要有两个飞跃。第一个飞跃，是废除人民公社，实行家庭联产承包为主的责任制。这是一个很大的前进，要长期坚持不变。第二个飞跃，是适应科学种田和生产社会化的需要，发展适度规模经营，发展集体经济。这是又一个很大的前进，当然这是很长的过程。"② 改革开放后，家庭联产承包责任制的实施解决了广大农民温饱问题；但是，伴随着城镇化的快速推进，一部分农地承包户实际上不再从事农业经营，出现农地撂荒等"农地空心化"现象。另外随着农业技术和生产力水平的提高，农地的分散经营逐步显现出低效率生产，极大阻碍了现代农业和农业生产力的发展，发展农村集体经济和适度规模经营

---

① 邓小平文选（第一卷）［M］. 北京：人民出版社，1983：323.
② 邓小平文选（第三卷）［M］. 北京：人民出版社，1993：355.

是农业现代化的发展要求。《中华人民共和国农村土地承包法》（以下简称《农村土地承包法》）（2002 年）明确规定，土地承包经营权可以依法转包、出租、互换、转让；《中共中央关于推进农村改革发展若干重大问题的决定》（2008 年）明确提出，对农民承包土地进行确权登记，以保障其使用权和收益权。但在土地流转实践中，也暴露出了一些突出问题，没有达到通过土地流转发展农业规模经济的预期。党的十八大以后，以习近平同志为核心的党中央为破解农村土地流转中存在的突出问题，将研究农村土地的所有权、承包权、经营权三者之间的关系作为突破口，提出了"三权分置"的农村土地思想，核心内涵是：保障农民增收，尊重农民意愿，分离承包权和经营权，放活经营权。2013 年 7 月 21 日至 23 日，习近平总书记在湖北调研时提出，要好好研究农民承包地各项权能之间的关系，土地流转要尊重农民意愿，保障农民增收。2014 年中央一号文件《关于全面深化农村改革加快推进农业现代化的若干意见》明确提出了完善农村土地承包制度，稳定承包权，放活经营权。2014 年 9 月 29 日，习近平总书记在中央全面深化改革领导小组第五次会议上，明确提出了农民承包地"三权分置"思想，坚持农村土地集体所有权不变、稳定承包权，分离承包权和经营权，通过流转放活经营权。2016 年 10 月 30 日，中共中央、国务院印发了《关于完善农村土地所有权承包权经营权分置办法的意见》。随后，国家启动了对《农村土地承包法》的修订工作，主要修订包括所有权、承包权、经营权"三权分置"，土地经营权入股等内容。2017 年 10 月 31 日，十二届全国人大常委会第三十次会议对《土地承包法（修正草案）》进行了初审。2018 年 12 月 29 日，第十三届全国人民代表大会常务委员会第七次会议，审议通过了对农村土地承包法的修订决定。习近平总书记在推进农村土地"三权分置"改革中，坚持继承和发展，立足国情和农情，深得民心。习近平总书记在

2017 年 12 月 28 日召开的中央农村工作会议上强调指出："要处理好培育新型农业经营主体和扶持小农生产的关系，农业经营规模要坚持宜大则大、宜小则小，不搞一刀切，不搞强迫命令。"之后，习近平总书记科学把握农业现代化一般规律和我国"大国小农"的国情农情特点，多次强调农业强国是社会主义现代化强国的根基，农村现代化是建设农业强国的内在要求和必要条件；强国必先强农，农强方能国强；要求依靠科技和改革双轮驱动一体推进农业现代化和农村现代化等重要"三农"思想。

四、"三农"中央一号文件梳理

1. 第 1 个中央一号文件——1982 年《全国农村工作会议纪要》：（1）正式承认包产到户合法性，明确了多种形式的农业生产责任制，肯定了农业生产责任制都是社会主义集体经济的生产责任制，农户和集体保持承包关系，是社会主义农业经济的组成部分，不同于合作化以前的小私有的个体经济。（2）联产承包制有利于充分发挥集体统一经营和劳动者自主经营两个积极性，恰当协调集体利益与个人利益，鼓励因地制宜地分类指导，可以承包到组、到户、到劳力，只是劳动组织的规模大小的具体体现，不以生产的进步与落后而论，宜统则统，宜分则分，有统有包，通过承包把统和分协调起来。联产承包责任制的实施，纠正了长期存在的管理过分集中、经营方式过于单一的缺点，打破了我国农业生产长期停滞不前的局面，促进传统农业向现代农业的转化。（3）在建立和完善农业生产责任制的过程中，必须坚持土地的集体所有制，坚持社会主义集体化的道路，社员承包的土地，必须依照合同规定，在集体统一计划安排下，从事生产。土地的承包必须力求合理，社员承包的土地应尽可能连片，并保持稳定，并鼓励社员在承包土地上加工经营；但是，社员承包的土地，不准买卖、不准出租、不准转让、不准荒废。（4）充分发挥农村供销合作社在城乡经济联合的纽带作用，加强供销社组织上的群众性、管理上的民主性和经营上的灵活性。

2. 第2个中央一号文件——1983年《当前农村经济政策的若干问题》：（1）根据我国的国情、农情改革农业经济结构，利用有限的耕地实行集约经营。适宜种粮的耕地要保证种粮以实现粮食总产的稳定增长，有效解决我国的"吃饭"问题。同时要合理安排适当的耕地种植经济作物，将不宜耕种的土地还林还牧还渔，实行农林牧渔结合反向促进农业发展。放活农村工商业，允许农民对完成交售任务后剩余的农产品进行加工和销售，通过延伸农产品产业链使农产品做到多次利用，增加农民的收入。（2）适应商品生产的需要发展多种多样的合作经济。经济联合是商品生产发展的必然要求，也是建设社会主义现代化农业的必由之路。根据我国农村情况，在不同地区、不同生产类别、不同的经济条件下，合作经济的生产资料公有化程度，按劳分配方式以及合作的内容和形式，可以有所不同。可以实行资金联合、服务联合、地域联合等，通过多种形式、多种层次的经济联合，可以把众多的分散的生产者联结起来，使之成为整个社会主义经济的有机组成部分。社队企业也是合作经济，企业的所有权和企业积累属于集体，有的企业可以试行经理（厂长）承包责任制，经理在集体授权范围和承包期限内全权处理企业业务。（3）发展合作商业。基层供销合作社应恢复合作商业性质，并扩大经营范围和服务领域，逐步办成供销、加工、贮藏、运输、技术等综合服务中心。鼓励并扶持农村个体商业和各种服务业，以方便群众。

3. 第3个中央一号文件——1984年《关于1984年农村工作的通知》：（1）发展农村商品生产。农业生产责任制的普遍实行，带来了生产力的解放和商品生产的发展，农村由自给半自给经济向较大规模商品生产转化。在稳定和完善生产责任制的基础上，梳理流通渠道，发展商品生产。（2）延长土地承包期，鼓励农民增加投资，培养地力，对农民向土地的投资应予合理补偿。实行集约经营，鼓励土地逐步向种田能手集中。社员在承包期内，因无力耕种或转营他业而要求不包或少包土地的，可以将土地交给集体统一安排，也可以经集体同意，由社员自找对象协商转包，但不能擅自改变集体承包合同的内容。（3）鼓励集体和农民本着自愿互利的原则，将资金集中起来，联合兴办各种企业，鼓励农民向各种企业投资入股，尤其要支持兴办开发性事业。设置以土地公有为基础的地区性合作经济组织，地区性合作经济组织应当把工作重点转移到组织为农户服务的工作上，更好地为农户服务。

4. 第4个中央一号文件——1985年《关于进一步活跃农村经济的十项政策》：（1）改革农村经济管理体制。除个别品质外，取消统购统派任务，分别实行合同订购和市场收购。取消统购派购以后，实行多渠道直线流通。农产品经营、加工、消费单位都可以直接与农民签订收购合同；农业也可以通过合作组织或建立生产者协会，主动与有关单位协商签订销售合同。（2）促进农村产业结构的合理化调整。在继续贯彻不放松粮食生产、积极发展多种经营的方针下，以一定的财力物力发展农产品加工业，支持发展畜牧业、水产养殖业、林业等产业。鼓励农民发展采矿和其他开发性事业，开采的范围包括小矿、大矿的尾矿和在大矿周围划定的地方。（3）放活农村金融政策，提高资金的融通效益，信用社实行独立经营、自负盈亏，在保证满足社员农业贷款后，可以跨地区开展存贷业务。适当发展民间信用，积极兴办农村保险事业。（4）按照自愿互利原则和商品经济要求，积极发展和完善农村合作制，鼓励发展股份式合作。

5. 第5个中央一号文件——1986年《关于一九八六年农村工作的部署》：（1）适当增加国家对农业基本建设的投资和农业事业

费，增加农业投入，保持工业与农业的均衡发展，调整工农城乡关系。（2）农业和农村工业必须协调发展。支持农民发展多种经营，广开生产门路，通过乡镇企业"以工补农"方式，对生产和交售粮食的农民给予合理的补偿。（3）逐步合理调整农业科研机构的方向、任务和布局，发展县级的试验示范、推广、培训相结合的农业技术推广中心，落实由国家科委组织实施的"星火计划"。

6. 第6个中央一号文件——2004年《中共中央　国务院关于促进农民增加收入若干政策的意见》：（1）实施优质粮食产业工程，扩大沃土工程实施规模提高耕地质量，建设高标准基本农田，加强主产区粮食生产能力建设。支持主产区进行粮食转化和加工，立足粮食优势促进农民增加收入、发展区域经济。加快实施优势农产品区域布局规划，继续调整农业区域布局。（2）发展农村二、三产业，拓宽农民增收渠道。重点发展农产品加工业、服务业和劳动密集型企业，引导农村集体企业改制成股份制和股份合作制等混合所有制企业，大力发展农村个体私营等非公有制经济，促进农民增加收入。（3）培育农产品营销主体，鼓励发展各类农产品专业合作组织、购销大户和农民经纪人，加快发展农产品连锁超市、配送经营，支持农业龙头企业到城市开办农产品超市，逐步把网络延伸到城市社区。建立高效率的绿色通道，改善农产品的流通环境。（4）继续推进农村税费改革，逐步降低农业税税率，同时取消除烟叶外的农业特产税，进一步清理和规范涉农行政事业性收费，积极探索并尽快制定农业税的征管办法。

7. 第7个中央一号文件——2005年《中共中央　国务院关于进一步加强农村工作提高农业综合生产能力若干政策的意见》：（1）建立稳定增长的支农资金渠道，新增财政支出和固定资产投资要切实向农业、农村、农民倾斜，逐步建立稳定的农业投入增长机制，通过立法，把国家的重大支农政策制度化、规范化。（2）大力发展特色农业。要立足资源优势，发挥区域比较优势，选择具有地域特色和市场前景的品种作为开发重点，建设农产品产业带，形成有竞争力的产业体系，发展特色农业。（3）加快农村小型基础设施产权制度改革。加大改革力度，明晰产权，明确责任。农户自建或自用为主的小微型工程，产权归个人所有，由乡镇人民政府核发产权证。对受益户较多的工程，可组建合作管理组织，国家补助形成的资产归合作组织所有。对经营性的工程，可组建法人实体，实行企业化运作，也可拍卖给个人经营。对业主开发建设的农村基础设施，地方人民政府要给予扶持，并规范其收费标准和服务行为。

8. 第8个中央一号文件——2006年《中共中央 国务院关于推进社会主义新农村建设的若干意见》：（1）顺应经济社会发展阶段性变化和建设社会主义新农村的要求，统筹城乡经济社会发展，坚持以发展农村经济为中心，坚持"多予少取放活的方针"，建立以工促农、以城带乡的长效机制。充分发挥市场配置资源的基础性作用，推进征地、户籍等制度改革，逐步形成城乡统一的要素市场，增强农村经济发展活力。（2）加快发展循环农业。大力开发节约资源和保护环境的农业技术，重点推广废弃物综合利用技术、相关产业链接技术和可再生能源开发利用技术。组织实施生物质工程，推广秸秆气化、固化成型、发电、养畜等技术，培养生物质产业。（3）培养推进社会主义新农村建设的新型农民。大规模开展农村劳动力技能培训，培养造就有文化、懂技术、会经营的新型农民，提高农民务农技能，促进科学种田的整体素质。

9. 第9个中央一号文件——2007年《中共中央 国务院关于积极发展现代农业扎实推进社会主义新农村建设的若干意见》：（1）建立促进现代化农业建设的投入保障机制。健全农业支持补贴制度，建立农业风险防范机制，积极完善农业保险体系，完善农业巨灾风险转移分摊机制。（2）开发农业多种功能，向农业的广度和深度进军，促进农业机构不断优化升级，健全发展现代农业的产业体系。推进生物质产业发展，拓展农业功能、促进资源高效利用的朝阳产业。（3）健全农村市场体系，发展适应现代化农业的物流产业。积极支持农资超市和农村消费品连锁经营，规范和完善农产品期货市场。加快完善农产品质量安全标准体系，建立农产品质量可追溯制度。积极发展多元化市场流通主体。规范各类工商企业通过收购、兼并、参股和特许经营等方式，参与农村市场建设和农产品、农资经营。

10. 第10个中央1号文件——2008年《中共中央 国务院关于切实加强农业基础建设进一步促进农业发展农民增收的若干意见》：（1）加快构建强化农业基础的长效机制。引导要素资源合理配置，推动国民收入分配切实向"三农"倾斜，大幅增加对农业和农村投入。继续加大对农民的直接补贴力度，增加粮食直补、良种补贴、农机具补贴和农资综合直补。探索建立促进城乡一体发展的体制机制，加快破除城乡二元体制，努力形成城乡发展规划、产业布局、基础设施、公共服务、劳动就业和社会管理一体化新格局。（2）逐步提高农村基本公共服务水平。增强农村基本医疗服务能力，在全国普遍建立新型农村合作医疗制度基础上，进一步完善农村医疗救助制度，规范农村医疗卫生服务。建立健全农村社会保障体系，完善农村最低生活保障制度，探索建立农村养老保险制度，鼓励各地开展农村社会养老保险试点。（3）扎实推进农村基层组织建设。完善村民自治制度，进一步规范和完善民主选举、村民民主决策、民主管理、民主监督制度，充分发挥农民群众在村级治理中的主体作用。坚持和完善"一事一议"制度，建立答疑纠错的监督制度。探索乡村有效治理机制，实现政府行政管理和基层群众自治有效良性互动，创新农村社区管理和服务模式，不断增强社会自治能力。

11. 第11个中央一号文件——2009年《中共中央 国务院关于

2009年促进农业稳定发展农民持续增收的若干意见》：（1）建立健全土地承包经营权流转市场，坚持自愿有偿原则，尊重农民的土地流转主体地位，规范土地承包经营权流转，鼓励有条件的地方发展流转服务组织。（2）全面推进集体林权制度改革。巩固退耕还林成果，建立现代林业，发展山区林特产品、生态旅游业和碳汇林业。加快林地、林木流转制度建设，完善林木采伐管理制度。（3）推进城乡经济社会发展一体化。建立稳定的农村文化投入保障机制，尽快形成完备的农村公共文化服务体系。推进农村综合改革，推进"乡财县管"改革，加强县乡财政对涉农资金的监管。在全国范围实施"家电下乡"，对农民购买彩电、电表箱、手机、洗衣机等指定家电品种，国家按产品销售价格一定比例给予直接补贴，并根据需要增加新的补贴品种。

12. 第12个中央一号文件——2010年《中共中央 国务院关于加大统筹城乡发展力度进一步夯实农业农村发展基础的若干意见》：（1）推动资源要素向农村配置。按照存量不动、增量倾斜的原则，新增农业补贴适当向种粮大户、农民专业合作社倾斜。逐步完善适合牧区、林区、垦区特点的农业补贴政策。加强财税政策与农村金融政策的有效衔接，引导更多信贷资金投向"三农"，切实解决农村融资难问题。积极引导社会资源投向农业农村。（2）促进农业发展方式转变。在稳定粮食播种面积基础上，大力优化品种结构。支持垦区率先发展现代化农业，建设大型农产品基地，带动周边农村经济社会发展。大力建设高标准农田，有计划分片推进中低产田改造，实施旱作农业示范工程。统筹推进森林经营工程，增强森林生态服务功能，提高林地综合产出能力。建立森林资源资产评估制度，开展国有林区管理体制和国有森林资源统一管理改革试点。（3）改善农村民生缩小城乡公共事业发展差距。推进城镇化发展的制度创新，把加强中小城市和小城镇发展作为重点，积极稳妥推进城镇化。提高农业对外开放水平，探索建立出口信用保险与农业保险相结合的风险防范机制。加强国家农业科技和农业资源开发合作，引导外资投向鼓励类产业，提高农业利用外资水平，实行灵活高效的农产品进出口政策。

13. 第13个中央一号文件——2011年《中共中央 国务院关于加快水利改革发展的决定》：（1）突出加强农田水利等薄弱环节建设，加快水利改革发展。这是新中国成立62年来中央文件首次对水利工作进行全面部署，突出强调水利是现代农业发展不可替代的基础支撑，是生态环境改善不可分割的保障系统，具有很强的公益性、基础性和战略性。（2）全面加快水利基础设施建设。加强水资源配置工程建设，完善优化水资源战略配置格局。实施国家水土保持重点工程，大力开展生态清洁型小流域建设。大力发展农村水电，搞好农村水电配套电网改造工程建设。（3）建立水利投入稳定增长机制。发挥政府在水利建设中的主导作用，将水利作为公共财政投入的重点领域，综合运用财政和货币政策，引导金融机构增加水利信贷资金广泛吸引社会资金投资水利，扩张筹集渠道资金，积极稳妥推进经营性水利项目进行市场融资，加快水利基础设施建设。同时，实行最严格的水资源管理制度。建立用水总量控制制度、用水效率控制制度、水功能区限制纳污制度、水资源管理责任和考核制度。不断创新水利发展体制机制，积极推进水价改革，健全基层水利服务体系，从根本上扭转水利建设明显滞后的局面。

14. 第14个中央一号文件——2012年《中共中央 国务院关于加快推进农业科技创新持续增强农产品供给保障能力的若干意见》：（1）依靠科技创新驱动，引领支撑现代农业建设。着眼长远发展，超前部署农业前沿技术和基础研究，面向产业需求，着力突破农业重大关键技术和共性技术。突出农业科技创新重点，大力加强农业基础研究，加快推进前沿技术研究着力突破农业技术瓶颈。完善农业科技创新机制，建立协同创新机制，推动产学研、农科教紧密结合。积极培育以企业为主导的农业产业技术创新战略联盟，发展涉农新兴产业。（2）充分发挥各级农技中介组织机构的作用，提升农业技术推广能力，着力增强基层农技推广服务能力，推动家庭经营向采用先进科技和生产手段的方向转变。鼓励创办科技型企业和技术合作组织。培育和支持新型农业社会化服务组织。鼓励有条件的基层站所创办农业服务型企业，推行科工贸一体化服务的企业化试点。（3）加强教育科技培训，全面造就新型农业农村人才队伍。加强农科教合作人才培养基地建设，鼓励和引导高等学校对农村特别是贫困地区的定向招生力度。大力培训农村实用人才，培育新型职业农民，对符合条件的农村青年务农创业和农民工返乡创业项目给予补助和贷款支持。

15. 第 15 个中央一号文件——2013 年《中共中央 国务院关于加快发展现代农业进一步增强农村发展活力的若干意见》：（1）构建集约化、专业化、组织化、社会化相结合的新型农业经营体系。创新农业生产经营体制，稳步提高农民组织化程度。引导农村土地承包经营权有序流转，鼓励和支持承包土地向专业大户、家庭农场、农民合作社流转，发展多种形式的适度规模经营。按照规模化、专业化、标准化发展要求，引导农户采用先进适用技术和现代生产要素，加快转变农业生产经营方式。大力支持发展多种形式的新型农民合作组织，鼓励农民兴办专业合作和股份合作等多元化、多类型合作社。引导农民合作社以产品和产业为纽带开展合作与联合，进一步增强农村发展活力。（2）要坚持主体多元化、服务专业化、运行市场化的方向，构建农业社会化服务新机制，大力培育发展多元服务主体。加快构建公益性服务与经营性服务相结合、专项服务与综合服务相协调的新型农业社会化服务体系。（3）改革农村集体产权制度，有效保障农民财产权利。全面开展包括农村宅基地在内的农村集体土地所有权和建设用地使用权地籍调查，加快完成农村土地确权登记颁证工作。以清产核资、资产量化、股权管理为主要内容，加快推进农村集体"三资"管理的制度化、规范化、信息化，建设农村集体"三资"信息化监管平台。

16. 第16个中央一号文件——2014年《关于全面深化农村改革加快推进农业现代化的若干意见》：（1）完善国家粮食安全保障体系。坚持市场定价原则，探索推进农产品价格形成机制与政府补贴脱钩的改革，逐步建立农产品目标价格制度。健全农产品市场调控制度，合理利用国际农产品市场，建立最严格的覆盖全过程的食品安全监管制度，严格农业投入品管理。（2）强化农业支持保护制度。加快建立利益补偿机制，完善粮食主产区利益补偿机制，完善森林、草原、湿地、水土保持等生态补偿制度，支持地方开展耕地保护补偿。建立以企业为主体的育种创新体系，推行种子企业委托经营制度，加快推进大田生产全程机械化，发展现代种业和农业机械化。（3）建立农业可持续发展长效机制。促进生态友好型农业发展，分区域规模化推进高效节水灌溉，大力推进机械化深松整地和秸秆还田等综合利用，支持高效肥和低残留农药使用、规模养殖场畜禽粪便资源化利用、新型农业经营主体使用有机肥、推广高标准农膜和残膜回收等试点。抓紧编制农业环境突出问题治理总体规划和农业可持续发展规划，开展农业资源休养生息试点。

17. 第17个中央一号文件——2015年《中共中央 国务院关于加大改革创新力度加快农业现代化建设的若干意见》：（1）全面推进农村人居环境整治。完善县域村镇体系规划和村庄规划，强化规划的科学性和约束力，改善农民居住条件，开展农村垃圾专项整治，加大农村污水处理和改厕力度。有序推进村庄整治，切实防止违背农民意愿大规模撤并村庄、大拆大建。（2）加强农村思想道德建设。针对农村特点，围绕培育和践行社会主义核心价值观，深入开展中国特色社会主义和中国梦宣传教育，提升农村社会文明程度。深入推进农村精神文明创建活动，创新乡贤文化，弘扬善行义举，以乡情乡愁为纽带吸引和凝聚各方人士支持家乡建设，传承乡村文明。（3）加强农村法治建设。抓紧修改农村土地承包方面的法律，明确现有土地承包关系保持稳定并长久不变的具体实现形式。抓紧研究起草农村集体经济组织条例，加强农业知识产权法律保护。健全农业市场规范运行法律制度，健全"三农"支持保护法律制度，依法保障农村改革发展，提高农村基层法治水平。

18. 第18个中央一号文件——2016年《关于落实发展新理念加快农业现代化实现全面小康目标的若干意见》：（1）优化农业生产结构和区域布局。全方位、多途径开发食物资源，在确保谷物基本自给、口粮绝对安全的前提下，基本形成与市场需求相适应、与资源禀赋相匹配的现代农业生产结构和区域布局。（2）加强资源保护和生态修复，推动农业绿色发展。推进耕地数量、质量、生态"三位一体"保护，全面划定永久基本农田。扩大新一轮退耕还林还草规模，扩大退牧还草工程实施范围。依托农村绿水青山、田园风光、乡土文化等资源，大力发展休闲度假、旅游观光、养生养老、创意农业、农耕体验、乡村手艺等，使之成为繁荣农村、富裕农民的新兴支柱产业。完善农业产业链与农民的利益联结机制，推进农业产业整合和价值链提升，培育农民增收新模式。（3）实施脱贫攻坚工程。通过产业扶持、转移就业、易地搬迁等措施，实施精准扶贫、精准脱贫，因人因地施策，分类扶持贫困家庭，打赢脱贫攻坚战。

19. 第19个中央一号文件——2017年《关于深入推进农业供给侧结构性改革加快培育农业农村发展新动能的若干意见》：（1）建设现代农业产业园。依托农业产业龙头企业带动，以规模化种养基地为基础，科学制定产业园规划，建设"生产＋加工＋科技"的现代农业产业园，统筹布局生产、加工、物流、研发、示范、服务等功能板块，充分发挥技术集成、产业融合、创业平台、核心辐射等功能作用。（2）补齐农业农村短板，夯实农村共享发展基础。深入开展农村人居环境治理和美丽宜居乡村建设，提升农村基本公共服务水平。深入推进农业供给侧结构性改革，激活农业农村内生发展动力。（3）深化农村集体产权制度改革，落实农村土地集体所有权、农户承包权、土地经营权"三权分置"。加快推进农村承包地确权登记颁证。全面加快"房地一体"的农村宅基地和集体建设用地确权登记颁证。

20. 第20个中央一号文件——2018年《中共中央　国务院关于实施乡村振兴战略的意见》：（1）推进体制机制创新，强化乡村振兴制度性供给。落实农村土地承包关系稳定并长久不变政策，衔接落实好第二轮土地承包到期后再延长30年的政策。深化农村土地制度改革，深入推进农村集体产权制度改革，巩固和完善农村基本经营制度。（2）汇聚全社会力量，强化乡村振兴人才支撑。大力培育新型职业农民，加强农村专业人才队伍建设，发挥科技人才支撑作用，鼓励社会各界投身乡村建设，创新乡村人才培育引进使用机制。（3）开拓投融资渠道，强化乡村振兴投入保障。建立健全实施乡村振兴战略财政投入保障制度，确保财政投入与乡村振兴目标任务相适应。调整完善土地出让收入使用范围，进一步提高农业农村投入比例，拓展资金筹集渠道。提高金融服务水平，健全适合农业农村特点的农村金融体系，推动农村金融机构回归本源，把更多金融资源配置到农村经济社会发展的重点领域和薄弱环节，更好满足乡村振兴多元化金融需求。

21. 第21个中央一号文件——2019年《中共中央　国务院关于坚持农业农村优先发展做好"三农"工作的若干意见》：（1）加快发展乡村特色产业。倡导"一村一品""一县一业"。创新发展具有民族和地域特色的乡村手工业，大力挖掘农村能工巧匠，培育一批家庭工场、手工作坊、乡村车间。强化农产品地理标志和商标保护，创响一批"土字号""乡字号"特色产品品牌。（2）实施数字乡村战略。深入推进"互联网＋农业"，扩大农业物联网示范应用。加强国家数字农业农村系统建设，推进重要农产品全产业链大数据建设，依托"互联网＋"推动公共服务向农村延伸。（3）持续推进平安乡村建设。深入推进扫黑除恶专项斗争，严厉打击农村黑恶势力，杜绝"村霸"等黑恶势力对基层政权的侵蚀。严厉打击敌对势力、邪教组织、非法宗教活动向农村地区的渗透。坚持发展新时代"枫桥经验"，完善农村矛盾纠纷排查调处化解机制，提高服务群众、维护稳定的能力和水平。

22. 第22个中央一号文件——2020年《中共中央 国务院关于抓好"三农"领域重点工作确保如期实现全面小康的意见》：（1）全面完成脱贫任务。为了进一步巩固脱贫成果防止返贫，要对已脱贫人口开展全面排查，实行逐户对账销号。坚持贫困县摘帽不摘责任、不摘政策、不摘帮扶、不摘监管。（2）不断完善乡村产业发展用地政策体系，对农村地类型实行分类管理。优化农村生产、生活、生态空间布局。抓紧出台支持农村一二三产业融合发展用地的政策。（3）推动人才下乡。培养更多具有乡村情怀的人才，以各种灵活的方式支持"三农"，推动乡村振兴。支持大学生、退役军人、企业家到农村干事创业。有组织地动员城市各类人才下乡服务。优化涉农学科专业设置，探索对急需紧缺涉农专业实行"提前批次"录取。

23. 第23个中央一号文件——2021年《中共中央 国务院关于全面推进乡村振兴加快农业农村现代化的意见》：（1）实现巩固拓展脱贫攻坚成果同乡村振兴有效衔接。设立衔接过渡期，过渡期期内保持现有主要帮扶政策总体稳定，逐步实现由集中资源支持脱贫攻坚向全面推进乡村振兴平稳过渡。持续巩固拓展脱贫攻坚成果，接续推进脱贫地区乡村振兴。（2）构建现代乡村产业体系。依托乡村特色优势资源，打造农业全产业链，立足县域布局特色农产品产地初加工和精深加工，建设现代农业产业园、农业产业强镇、优势特色产业集群。围绕提高农业产业体系、生产体系、经营体系现代化水平，加快健全现代农业全产业链标准体系，推动新型农业经营主体按标生产。（3）大力实施乡村建设行动。加快推进村庄规划工作，积极有序推进"多规合一"实用性村庄规划编制。强化农业农村优先发展投入保障，优先保障乡村产业发展、乡村建设用地，盘活农村存量建设用地。

24. 第24个中央一号文件——2022年《中共中央 国务院关于做好2022年全面推进乡村振兴重点工作的意见》：（1）坚决守住不发生规模性返贫底线。完善监测帮扶机制，继续开展巩固脱贫成果后评估工作。推动脱贫地区更多依靠发展来巩固拓展脱贫攻坚成果，加大对乡村振兴重点帮扶县和易地搬迁集中安置区支持力度，保持主要帮扶政策总体稳定。（2）创设农村精神文明建设有效平台载体。依托新时代文明实践中心，探索统筹推动城乡精神文明融合发展的具体方式，启动实施文化产业赋能乡村振兴计划。加强农耕文化传承保护，推进非物质文化遗产和重要农业文化遗产保护利用。（3）加大政策保障和体制机制创新力度。继续把农业农村作为一般公共预算优先保障领域，压实地方政府投入责任，中央预算内投资进一步向农业农村倾斜。支持各类金融机构探索农业农村基础设施中长期信贷模式，强化乡村振兴金融服务。启动"神农英才"计划，加快培养科技领军人才、青年科技人才和高水平创新团队，深入推行科技特派员制度，培养乡村规划、设计、建设、管理专业人才和乡土人才。

25. 第25个中央一号文件——2023年《中共中央 国务院关于做好2023年全面推进乡村振兴重点工作的意见》：（1）推动乡村产

业高质量发展。做大做强农产品加工流通业，实施农产品加工业提升行动，支持家庭农场、农民合作社和中小微企业等发展农产品产地初加工，引导大型农业企业发展农产品精深加工。加快发展现代乡村服务业，全面推进县域商业体系建设。培育乡村新产业新业态，培育壮大县域富民产业。（2）拓宽农民增收致富渠道。完善社会资本投资农业农村指引，加强资本下乡引入、使用、退出的全过程监管。赋予农民更加充分的财产权益，扎实搞好确权，稳步推进赋权，有序实现活权，让农民更多分享改革红利。探索宅基地"三权分置"有效实现形式。深入推进农村综合公共试点示范。（3）健全党组织领导的乡村治理体系。强化农村基层党组织政治功能和组织功能，强化县乡村三级治理体系功能。推动各地因地制宜制定移风易俗规范，强化村规民约约束作用。

26. 第26个中央一号文件——2024年《中共中央 国务院关于学习运用"千村示范、万村整治"工程经验有力有效推进乡村全面振兴的意见》：（1）聚焦解决"谁来种地"问题，以小农户为基础、新型农业经营主体为重点、社会化服务为支撑，加快打造适应现代农业发展的高素质生产经营队伍。深化"一带一路"农业合作，健全农产品全产业链监测预警机制，强化多品种联动调控、储备调节和应急保障。（2）增强乡村规划引领效能。适应乡村人口变化趋势，优化村庄布局、产业结构、公共服务配置。强化县域国土空间规划对城镇、村庄、产业园区等空间布局的统筹。分类编制村庄规划，强化乡村空间设计和风貌管控。（3）提升乡村治理水平。推进抓党建促乡村振兴，强化县级党委抓乡促村责任，健全县乡村三级联动争创先进、整顿后进机制。加强村干部队伍建设，健全选育管用机制，严格实行上级部门涉基层事务准入制度，健全基层职责清单和事务清单，推动解决"小马拉大车"等基础治理问题。

表8-2为中央一号文件主题梳理。

表 8－2 中央一号文件主题梳理

文件名称	主题	文件名称	主题
第 1 个中央一号文件（1982 年）	正式承认包产到户的合法性	第 14 个中央一号文件（2012 年）	加快推进农业科技创新
第 2 个中央一号文件（1983 年）	放活农村工商业	第 15 个中央一号文件（2013 年）	进一步增强农村发展活力
第 3 个中央一号文件（1984 年）	发展农村商品生产	第 16 个中央一号文件（2014 年）	全面深化农村改革
第 4 个中央一号文件（1985 年）	取消统购统销	第 17 个中央一号文件（2015 年）	推动"三农"主动适应经济发展新常态
第 5 个中央一号文件（1986 年）	调整工农城乡关系	第 18 个中央一号文件（2016 年）	用发展理念破解"三农"新难题
第 6 个中央一号文件（2004 年）	促进农民增加收入	第 19 个中央一号文件（2017 年）	深入推进农业供给侧结构性改革
第 7 个中央一号文件（2005 年）	提高农业综合生产能力	第 20 个中央一号文件（2018 年）	对乡村振兴进行战略部署
第 8 个中央一号文件（2006 年）	社会主义新农村建设	第 21 个中央一号文件（2019 年）	聚力精准施策决战决胜脱贫攻坚
第 9 个中央一号文件（2007 年）	积极发展现代农业	第 22 个中央一号文件（2020 年）	全面打赢脱贫攻坚
第 10 个中央一号文件（2008 年）	加大"三农"投入	第 23 个中央一号文件（2021 年）	补齐农业农村短板弱项
第 11 个中央一号文件（2009 年）	促进农业稳定发展农民持续增收	第 24 个中央一号文件（2022 年）	农业稳增产农民稳增收农村稳安宁
第 12 个中央一号文件（2010 年）	在统筹城乡发展中加大强农惠农力度	第 25 个中央一号文件（2023 年）	建设宜居宜业和美乡村
第 13 个中央一号文件（2011 年）	加快水利改革发展	第 26 个中央一号文件（2024 年）	推广运用"千万工程"机制

第九章

中国式农业农村现代化的
新时代改革

一、进一步完善农村土地集体产权制度

2016 年《关于完善农村土地所有权承包权经营权分置办法的意见》正式提出农地集体产权的"三权分置"改革。长期以来，我国农村土地制度改革，一直都是在集体土地所有权不变以及农村土地承包关系长久不变前提下，主要围绕着土地承包经营权的分置而展开。在农村土地大规模流转背景下，"三权分置"一方面顺应了大量进城农民工希望继续保留农村土地承包权、流转土地经营权的意愿使流出承包地的农户的权利得到切实保障；另一方面，为了保护新型农业经营主体具有更加完整的土地权利以及农地适度规模经营的时代要求，是继农村家庭联产承包责任制后的又一重大制度创新。"三权分置"就是要坚持农村土地集体所有、稳定家庭承包经营的基本前提下，进一步放活农村土地经营权，进一步促进农地资源的优化配置。

（一）坚持集体土地所有权的根本方向

集体土地所有权是农地承包权"长久不变"的基本前提，"三

权分置"改革必须坚持农村土地集体所有权。2016年《关于完善农村土地所有权承包权经营权分置办法的意见》明确要求："始终坚持农村土地集体所有权的根本地位。"农村土地集体所有制度是我国一项根本的土地制度。农村土地制度改革就是探索土地集体所有制的具体实现形式，不管怎么改，都不能改垮农村土地集体所有制，这是习近平"三农"思想的根基。伴随着农村家庭联产承包责任制的推行以及城镇化的不断推进，农村农民集体不断弱化、虚化，学界出现了农村土地私有化或变相私有化的主张，认为农村土地集体所有制是造成土地产权不清、所有权被空置的主要根源，土地私有化可以优化土地的资源配置并能提高农地的经营效率，其实质是西方意识形态下资本利益至上的崇拜。西方家庭农场是建立在私有制基础上农业规模经营，这种资本主义私有制的家庭农场体制机制并不适合我国社会主义制度的基本国情。如果把18亿亩的耕地通过私有化集中于少数人手中，不仅会加剧绝大部分农民因失去土地保障而造成巨大的就业压力，最终导致农村农民两极分化，加剧农村社会的不平等而与共同富裕背道而驰。不仅如此，农地私有化还会进一步影响到我国粮食生产的稳定性和安全性，使国民经济发展失去基础性保障。在农村土地制度改革中，中央一再强调要坚守"三条底线"——土地公有制性质不改变、耕地红线不突破、农民利益不受损。因此，在"三权分置"改革中，必须坚持农村土地集体所有制的根本方向，探索农民集体和农民集体成员共同管理集体所有土地的体制机制，创新农村集体经济运行机制，进一步激活农村新质生产力，实现乡村振兴背景下的共同富裕。

（二）稳定农村土地承包权长久不变

进入新时代，随着城镇化的快速发展和农村劳动力大量转移，农业经营规模的扩大成为现实发展趋势。党中央提出保持土地承包关系稳定并长久不变，并清晰界定了承包权的权能边界，进一步明晰集体与农户、农户与农户、农户与新型农业经营主体之间在承包土地上的权利义务关系。实行"长久不变"符合我国国情和农业生产特点，顺应了农民的愿望，维护了广大农户的承包权益。有利于实现小农户和现代农业发展有机衔接。农民家庭是农村集体土地承包经营的法定主体，家庭成员依法平等享有承包土地的各项权益。依法保障农民对承包地占有、使用、收益、流转及承包土地的经营权抵押、担保权利，不断赋予其更加完善的权能。承包地确权登记颁证是落实"长久不变"的重要举措，也是农村土地集体所有制的有效实现形式。土地确权要经过一个严格的法定程序，通过土地登记申请、地籍调查、登记注册、颁发土地证书等才能最终得到确认和确定。现实问题是在承包地确权过程中的每一个环节，都可能事实地存在着严重侵害农村土地承包经营权的造假虚报。一些地方政府为了应付检查或骗取国家的土地补偿，直接或间接通过临时移栽、短期覆盖、虚假摆拍等手段伪造耕地。我国《土地管理法》明确规定，确权的权利主体为乡级或县级以上人民政府，但是在实际确权过程中往往通过外包公司去操作。有些地方简单通过卫星图斑或航拍图片进行估计确权，更有甚者是确权人员直接根据农民随意申报的数据进行电脑绘制，其申报结果也没有在农村当地进行公示就直接上报进入下一步登记确权程序。土地确权是国土规划布局的基本依据，也是参与土地利益分配的重要参数。因此，需要通过多次确权、实地调查、详细审核、当地公示、群众举报等精准确权，在此基础上不断探索"长久不变"的具体实现方式。

（三）探索农村土地经营权灵活实现方式

伴随着城镇化的深入推进，拥有农地承包权的大量青壮年劳动力离开农村进入城市生活，农地承包权主体与实际经营权主体分离现象越来越普遍，拥有土地承包权的很多年轻农户并不直接从事农业生产。而诸如家庭农场、农民合作社、农业企业这些真正从事农业生产的新型农业经营主体却没有土地经营权的较为完整的合法保障，加之农业经营的自然风险相对较高，因而不敢对农业生产进行长期投资，导致农村土地"空心化"现象越发严重。另外，农村人口大规模转移以及传统的农村土地分散经营方式越来越不适应土地适度规模化经营的现代化发展需求。"三权分置"的目的就是要放活农地经营权，如何放活农地经营权？首先，有必要进一步厘清土地经营权的法律性质及具体权利，以避免土地经营权流转管理上的混乱。根据"三权分置"的原则，效仿农地承包权证，探索颁发农村集体土地经营权证，放宽农业经营主体以土地经营权证到银行抵押、获得贷款的条件。其次，农地经营主体必须与农地承包户签订有效的合同，减少因口头协议而引起的纠纷以维持契约关系到稳定。再次，建立成熟有针对性的土地经营权流转市场，减少农地流转中的交易费用。

二、创新农户收益保障机制

2019 年中央印发的《关于保持土地承包关系稳定并长久不变的意见》明确指出："要长久保障和实现农户依法承包集体土地的基本权利。"农户作为土地承包方依法享有对承包地的使用、收益的权利，同时还拥有土地经营权流转处置权和土地经营权流转收益权。只要土地承包关系保持"长久不变"，农户的土地承包权所带来的收益就可以长久得到保障。《农村土地承包法》强调，任何组织和个人不得违背农户意愿强迫或阻止农户对承包地的经营权流转，作为承包方的农户可以自主决定采取流转土地经营权的权利，包括是否流转土地经营权、土地经营权流转给哪个经营主体、选择何种方式流转土地经营权以及土地经营权流转的价格和收益分配等。一般认为，农户对土地经营权流转主要取决于流转土地经营权所能获取的经济收益及其收益的稳定性和保障程度。

（一）农户身份转变后土地承包期的保障

首先，伴随着城镇化的快速推进，大量农民进城落后转变为城市市民，一般认为这部分农民市民化后就不再是农村集体组织成员，自然就失去了延长承包地的资格了。但是，根据《农村土地承包法》的规定，在第二轮土地承包期到期前，虽然农民身份已经转变但仍然拥有剩余年限的土地承包权以及承包期内流转土地的经营权。同时，积极引导这些农户按照自愿有偿的原则可以依法将土地承包权交回村集体组织或将土地经营权转让给村集体组织其他成员。目前《农村土地承包法》尚未明确第二轮土地承包期到期后，这部分"农户"还是否可以继续享有土地承包权。2024年《政府工作报告》指出，深化农村土地制度改革，启动第二轮土地承包期到期后再延长30年的整省试点改革。为保障绝大多数农户的承包地不变，坚持"大稳定小调整"、"增人不增地、减人不减地"的原则，不会进行重新分配。如果在第二轮土地承包期到期后，进城落户的农民因不具有集体组织成员的资格鼓励其有偿退回承包地，同时也可以有效保障村集体组织其他成员公平享有土地承包权益。

其次，土地经营权流转保障。为了优化土地资源配置，放活土地经营权，《农村土地承包法》规定，农户流转土地经营权应遵循依法、自愿的原则，有偿流转土地经营权。这样既有利于保障有土地流转意愿的农户能够顺畅地将土地流转出去以获取土地流转收益，又能保障种田能手、家庭农场以及农民合作社等新型土地经营主体获得土地进行适度规模经营，从而有效破解"谁来种地"的难题。但是，由于土地流转制度的不完善，流转中介组织的不健全以及流转平台建设滞后等因素，使得土地流转供求双方因交易信息不对称或交易成本高导致土地无法顺畅流转。更有甚者，利用农户的弱势地位，通过"权力寻租"或"强制流转"等行为，严重剥夺和限制了农户在土地流转中的主体地位，不仅降低了农户流转土地的意愿，而且容易导致土地流转纠纷影响农村社会的稳定甚至诱发社会风险。

最后，土地经营权流转收益保障。土地流转收益主要取决于土地流转价格，目前《农村土地承包经营权流转管理办法》中并没有对流转价格及其流转机制给出明确的规定，《农村土地承包法》中也只是规定土地经营权流转价格应当由土地流转双方协商确定。现行的法律法规对农户土地流转经营收益的保障相对有限，对土地经营权流转价格没有合理的定位。另外，土地经营权流转价格大多是参考同一区域其他土地流转价格来确定，很少考虑土地本身的地力质量和经营收入来定价，也不具有动态调整机制。而且土地经营权流转收益缺乏必要的监督机制，实践中往往存在着不同形式的土地经营权流转收益被层层剥离的现象。

（二）建立与农户主体地位相应的权益保障机制

首先，土地流转农户群体对土地流转权益普遍缺乏理性而准确的了解，农户文化水平不高以及获取信息的渠道和能力有限，加之法律意识极为淡薄，并不清楚农户在土地流转中所能拥有的权利和义务。因此，必须大力宣传中央有关农地流转的最新政策，确保农户及时、准确掌握农地经营权流转的最新政策信息以及相关的法律法规，提升农户对农地经营权流转的认知度，加强农民自身权益保障意识，了解权益受损时各种有效的救助渠道，实现农民自身权益的有效保障。

其次，建立与农地流转相应的体系化权益保障机制。不同区域、不同发展阶段，农地流转呈现出不同的形态。需要因地制宜根据不同区域土地流转模式特点建立相应的农地权益保障机制，关注农地流转的细节，建立切实可行而又务实的保障机制。积极培育农村集体经济组织以及土地经营权流转中介机构，依托行政村这一基础组织，构建县（区）、乡（镇）、行政村三级联动、上下协同的权益保障服务平台，建立更好服务于农地流转全过程的、体系化的农地流转权益保障机制。

最后，构建与市场价格相应的权益动态调整机制。在"三权分置"框架下，无论是通过出租、转包、入股、托管等形式流转土地经营权，其市场调节核心力量仍然是价格水平。可见，土地经营权流转收益保障不仅会影响到土地流转市场的运行，还关系到农户土地经营权流转收益的最大化。因此，需要以土地收益资本价值、土地肥力、位置为基准，通过第三方土地评估机构对土地经营权流转市场价格作出合理的评估，按照约定的动态调整价格对农地流转收益进行一定幅度的调整，不仅可以有效激发农户参与土地流转经营权的积极性，还可以实现农地经营权流转收益的动态化保障。

三、创新农地流转方式及运行机制

农地规模化经营是农业现代化的必然趋势，但是农业规模化是有条件的，就自然条件来看，首先是"土地连片"，其次是生产工具机械化。中国个别地区，如东三省、新疆和内蒙古等地区具有规模化经营的自然条件，但是单一农作物的规模化种植必然会破坏原有的自然生态环境。更何况，我国的山区、高原以及半干旱地区就占国土面积的大约70%，因此受地理自然条件的约束，不可能完全通过规模化经营方式来改变和提升农业产业结构。工业化式的农业经营虽然可以通过产业链的延伸增加农业投资人的收益，提高大宗农产品的市场化程度，欧洲国家、东亚部分国家以及中国台湾地区的经验表明，这种经营方式需要高额的财政补贴，而且会造成严重的资源环境破坏。另外，这种方式的经营主体大多属于"外地人"，难以跟当地分散的小农经济打交道，容易引发群体性冲突和激化对抗性社会矛盾。在基本保持原有生态结构的基础上多样化种植，特别是山区农村，要保持原有山清水秀、多样化景观的条件下大力发展休闲旅游农业、养生农业、本地化的传统乡土文艺等，扩大农民的非农收益。进入新时代，发展社会化生态绿色农业是生态文明战略的必然要求，充分挖掘农业多功能性潜力，通过社会化生态农业带动社会化生态绿色旅游业的发展。我国农地流转传统方式主要是转包和出租，流转运行方式主要是基层政府与企业、农户与农户、农户与专业户之间的自发流转。农地流转已成为我国农地资源优化配置的有效途径，也是发展土地适度规模经营推进农业现代化的必由之路。中共中央、国务院《关于完善农村土地所有权承包权经营权分置办法的意见》明确指出："鼓励采用土地股份合作、土地托管、代耕代种等多种经营方式，探索更多放活土地经营权的有效途径。"在农地集体产权制度下，"三权分置"核心要义就是要放活农地经营权，要积极引导土地经营权流向种田能手和新型经营主体，进一步创新农地流转的社会合作机制。

（一）促进农地流转由农户自发流转向村集体委托—代理流转方式转化

当前对村集体在农地流转中的角色定位和作用的研究结论，主要表现为截然不同的两种观点：消极影响和积极作用。一般认为，村集体在我国农村发展的不同阶段承担着政治、经济、社会多重功能，虽然在农业农村现代化改革过程中这种特定的功能有所弱化，但仍然是不可或缺的。在我国农村土地制度改革的深化期，应强化村集体农地流转的服务功能，包括对农地流转信息的发布，对流转方式、价格、期限等进行协调，流转合同的签订指导，流转土地的登记备案，流转收益的分配形式，流转土地纠纷的调处等。对于农地流转主体双方而言，农地经营主体可能更关注市场信息但是对农地的属性以及农户流转的意愿了解甚少；农地承包主体缺乏对市场信息的充分了解，而且大多农户也不具有农地流转具体操作的事务能力。相反，村集体更加了解集体土地的属性也便于与农地承包户和农地经营主体双方沟通协商，可以更好地担当双向代理人的角色。因此，村集体和农户之间形成委托—代理的农地流转方式还是具有一定需求市场的。在这种农地流转方式中，有流转意愿的农地承包主体将流转土地委托给村集体，并提出农地流转的具体诉求。村集体作为双向代理者，既要代理农户将农户流转诉求与经营主体协商，同时又要代理经营者与农户就相关流转条件进行协商。双向协商既要尊重农户流转诉求意愿的最大体现，又要满足农地经营者的经营需求。农地流转收益归承包方所有，村集体不应参与利益分配，只承担农地流转的服务和管理职能。这种农地流转的委托—代理运行机制，经营者不需要与承包户逐一进行协商，只需要与村集体进行谈判，一定程度上可以减少农地流转的交易成本。同时，村集体可以根据当地土地属性统筹资源配置，为经营者获得相对集中连片的土地，更有利于土地的适度规模经营获得规模经济效益。为了更好提高农地流转委托—代理的运行效率，需要不断强化村集体的公共服务职能而淡化其行政职能，在规范农地流转的管理职能过程中要充分尊重农户在农地流转中的主体地位，而不能以简单的少数服从多数原则来强制推行。因此，要进一步完善村集体治理机制和约束机制，防止农地流转过程中村集体利用信息不对称而寻租腐败。

（二）提高农地市场化程度，完善农地流转市场机制

2020 年《中共中央　国务院关于新时代加快完善社会主义市场经济体制的意见》明确指出："深化农村集体产权制度改革，完善产权权能，将经营性资产折股量化到集体经济组织成员，创新农村集体经济有效组织形式和运行机制，完善农村基本经营制度。加快建设城乡统一的建设用地市场，建立同权同价、流转顺畅、收益共享的农村集体经营性建设用地入市制度。""同地同权"是中共中央关于农村土地权利改革的重大决策；但"同地""同权"的具体边界和内涵及实现形式仍需进一步探索。农地市场化实质是农地不动产产权的市场化，农地主体与客体通过市场完成农地产权交易。市场中的农地要素实际上也是农地要素的产权表现，农地要素市场化是农地要素权能的实现过程。在"三权分置"构想下，要完全释放集体土地所有权的潜在权能，激活土地承包权和经营权形成完整的土地产权架构。目前土地使用权市场仍以政府配置为主导，即国家垄断了农地交易的一级市场，掌控着土地使用性质及土地用途改变权，需进一步明确土地资源政府配置与市场治理的边界，以完善土地要素产权制度和要素市场化配置为重点。完整的农地产权能稳定农地主体的相对预期，如果权利受限会引发农地主体报酬的不稳定预期，进而导致其短期投资行为。"三权分置"后，承包经营权人拥有了占有、使用和收益的权能，但处分权、抵押权和收益权仍有所限制。主要表现在：农村土地承包经营权的不完全性、流转市场机制不健全以及中介组织的服务功能不完善等。当前，农地改革的核心在于承包权权能的拓展，焦点是承包权人的转让权和继承权。要进一步明确农地流转主体究竟是村集体组织、土地股份合作社还是农民个体，并明确农地流转利益分配中地方政府、农民集体、农民个体的利益分配比例、分配方式和具体分配途径。同时，

农地流转市场的顺畅运行能减少农地经营权流转障碍，促进农地要素向更具效率的土地经营能手配置。农地流转市场机制的运行又依赖于中介组织及农地交易平台建设。中介组织的参与可以降低农地经营权流转过程中的交易成本，提高农地流转效率。目前市场化土地流转平台主要有农地产权交易中心、土流网、土地资源网、神州土地网等。国有土地交易平台相对成熟，而农地市场化交易平台相对分散且滞后，各类型土地市场化程度差异较大，从近年来特别是"三权分置"以来，反映土地要素市场化程度的土地流转指数和各省土地发布面积这两个数据来看，土地流转市场活跃水平在提升，土地流转意愿不断增强；同时，也反映出土地流转市场化程度的区域差异明显。当前我国的农地流转服务机构及服务功能由于财力等资源禀赋存在着较大的地区差异，服务质量参差不齐。有些服务内容单一，运作效率低下，甚至处于"空壳"运作。因此，需要不断完善农地流转中介组织的运行机制及其服务功能，大力培育农地流转中介组织建立具有一定区域特点的农地流转交易平台，并不断强化农地流转信息的透明度进而充实农地流转信息库，提高农地流转效率。

（三）创新农地流转的社会合作机制

农村土地流转合作社是在家庭承包经营的基础上，由农地承包经营权主体和从事农业生产经营主体合作的组织，组织管理上实行入社、退社自愿、民主管理原则，把农地经营权通过入股、委托代耕、互换等流转方式进行集中统一规划、统一经营的农村互助性合作经济组织。为解决家庭承包经营地分散经营、效益不高、市场信息不灵等问题。农村的自然规模相对较小，农村又是基于村庄长期共同生活所建立的相互认同而形成的，具有相对稳定的地缘偏好、人情关系、乡土情怀。在政府机构、资本力量和农民组织的权力配置格局中，农民组织是力量最弱小的一方。农民组织是农地流转机制发挥作用的基础组织，也是农业现代化发展的重要途径。在农地流转实务中，通过合作社流转土地不仅有利于减少农地流转双方的交易成本，还可以减少农民直接参与市场而可能引发的市场风险，低成本地解决农地流转纠纷，从而拓宽了农民的维权渠道。另外，农地流转社会机制要充分发挥其作用也离不开社会资本的参与，社会资本能否顺利开展取决于具有一定乡土情怀的"农户地缘共同体"对其参与的信任度和认可度，在事务开展过程中总会存在一些阻挠。为了赢得农户的信任、减少社会资本参与的障碍，以农民组织为切入点是比较有效的选择。通过与农民组织的对接，不仅有利于社会资本参与农地流转利益的最大化，还可以加强农业与其他产业的联系，促进农村经济结构转型，维护农地流转收益的稳定性，最终使农户利益在农业现代化发展进程中最大化。

四、培育和壮大新型农业经营主体

党的二十大报告明确指出，在坚持家庭承包经营制度基础上，发展新型农业经营主体，发展多种形式的农业适度规模经营，是关系我国农业现代化发展的重大战略。发展农业适度规模经营推进农业现代化，关键是构建现代农业经营体系，培育和壮大新型农业经营主体。现阶段新型农业经营主体主要包括种养专业大户、家庭农场、农民合作社以及农业龙头企业等。当前存在的主要问题：一是家庭农场以及合作社等新型农业经营主体市场性不足，主要表现在目标定位不明确，新产业、新业态、新模式创新发展理念不成熟，产业链单一，三产融合度低，市场溢价有限等。农业企业不同于工业企业，农业企业前期连续投资成本高，回报周期长且经营的自然不确定性强。农业经营普遍存在管理不规范的问题，难以形成风险共担、利益共享的利益联结机制，这在很大程度上影响着新型农业经营主体长期合作的可持续发展。二是农业经营主体融资困难且科技力量严重不足。金融机构对经营农业贷款的门槛高而且意愿不高。新型农业经营主体无论是在生产还是管理等各个方面，需要大量专业人才和先进技术的支撑，而农业经营主体自身的科技研发能力不足，中介农技服务体系不够健全以及服务成本过高，使得现实的科技成果难以普遍推广应用。这是成为制约新型农业经营主体适度规模发展的主要瓶颈。三是政府实质性主导力度不足。国家在农业上的财政支出与补贴优惠政策的对象大多为农地承包户，农地承包户在转出承包经营权时，国家给予的各种种粮补贴金一般不会随着农地经营权流转而转出。在这种背景下，农业经营主体得不到种粮补贴，对新型农业经营主体的直接经营补贴相对薄弱，特别是在农业经营风险损失弥补上还缺乏有针对性、可操作性强的政策支持，农业经营主体面临的外部发展环境尚需进一步优化。

（一）培育有"三农"情怀的新时代农业经营主体

由于农民自我发展的能力有限，而农村又是一个饱含乡土人情的社会组织，农业农村现代化建设单纯地依靠市场机制来培育和发展很难获得有效的进展。中国式农业农村现代化需要真正懂农业、爱农民、守农村的具有"三农"情怀的新时代农业经营主体。首先，来自农村出身于农民的社会各阶层人员，包括现职或离退休人员，这部分阶层人员广泛分布于社会各行各业，他们虽然早已脱身于农村，但仍然具有深厚的"三农"情怀。这部分群体通过多年的社会实践积累，具备丰富的社会资源、较强的市场意识、先进的管理理念和对政策的深刻认知，更容易获得相关的信息和资源，在农村具有天然的影响力和感召力。政府应通过正式层面的引导和非正式层面的鼓励，使这部分群体充分发挥其在农业农村现代化建设中所具有的"两头优势"的作用。其次，经过城市洗礼的第一代农民工，他们拥有了开阔的眼界、丰富的技能、较为充足的资金，这个群体不仅是城镇化建设、发展的重要推动者，也是推动未来"三农"现代化建设的宝贵资源。他们具有得天独厚的群众信任基础，对新生事物具有较强的接受和适应能力。政府部门应有计划地积极引导、培养他们成为农业农村现代化发展的带头人，通过各种财政补贴、金融政策的支持以及税收政策的减免，鼓励这部分群体返岗回乡创业。最后，返乡创业大学生是有"三农"情怀的新时代重要农业经营主体之一，他们有着较强社会认同感和乡土情结，能够更好地融入乡村社会。具备系统的理论知识、敏锐的市场信息洞察能力和创新能力，但在创业管理方面普遍缺乏实践经验，使其在创业初期较难适应复杂的环境。大学生返乡创业最主要困境是资金短缺与融资渠道受限，而政府对大学生有限的创业补贴以及现有的融资体系难以满足大学生创业初期的资金需求；加之大学生普遍缺乏抵押物，难以满足传统金融系统对创业者较高的资信要求，成为大学生回乡创业的主要瓶颈。因此，需要进一步优化制度环境和发展环境，包括创业资金补贴、税收优惠、创业培训等政策，着力解决大学生创业初期的资金压力。在项目选择和推广发展方面，政府应根据返乡创业大学生的实际需求以及农业农村发展实际，有针对性地推出一些更适合于大学生创业的生态农业、特色农业等。进一步完善大学生回乡创业的保障制度和农业保险制度，加大地方政府对返乡创业专项的补贴力度，用政府的确定性打消大学生回乡创业的不确定性。

（二）分类培育壮大新型农业经营主体

不同类型的新型农业经营主体无论在生产、经营还是管理等方面都存在着较大的差异。因此，对于不同类型的农业经营主体应因地制宜、因材施教进行有针对性地培育壮大，才能达到预期的效果。首先，对于专业大户应重点培育其市场主体性，专业大户凭借其对农地资源禀赋的深入了解及其对当地农村社会关系的熟知，往往在生产方面有着比较丰富的经验，但是在融资、销售、管理、项目的选择以及未来发展规划方面缺乏系统的市场主体性。调查发现，农业经营专业大户其投入的资本几乎来自于自由资金而商业贷款很少，主要是其能够用于商业贷款的抵押品除了承包地、农村宅基地和农民自有的房屋外几乎没有其他可用于商业贷款的固定财产或资产作抵押。现有法律不允许农村宅基地和房屋流转给村集体以外的个人和企业，因此商业银行不愿意接收农村宅基地和房屋的抵押贷款业务。在土地确权颁证后，应适当放宽商业银行对农地专业大户抵押贷款的限制，增加对农业经营大户提供低息或无息小额贷款业务，政府财政应提供农业经营专项财政补贴。从根本上解决农地专业大户融资困难的问题。当地政府或中介服务机构积极组织农地专业大户通过正式或非正式渠道到相关农业产业化龙头企业进行参观交流，学习其成功的市场经验，根据市场需求充分利用当地农业资源禀赋，合理选择农业项目，积极引导农业经营大户向家庭农场转型。其次，家庭农场是重要的新型农业经营主体之一，当前家庭农场的发展呈现出明显的区域差异性。家庭农场的市场主体地位相对明确，但是单纯地依靠市场机制来培育和发展家庭农场还面临着诸多现实困难。需要政府相关部门的主导介入，为家庭农场提供更多的市场供求信息，以此为依据做出生产经营方面的市场适应性调整，并对市场风险进行有效的防范，做到规模化、集约化、品牌化生产经营的可持续发展。最后，农民经济合作组织具有突破社区界限、在更大范围内实行专业合作等特点，当前农民经济合作组织包括农业专业协会和农民专业合作社，合作社是当前农民组织化的主要类型，是维护农民自身权益、推进农业现代化的重要载体。实践证明，尽管农民对经济合作有着强烈的主观需求，但没有相关部门的积极引导和政府的扶持，农民经济合作组织是很难发展壮大的。因此要充分认识到农民经济合作组织在农业市场化、现代化发展中的有利条件。加强政府及各部门对农民专业合作社发展的政策指导，积极引导农村专业协会向合作社转型取得经营主体地位。不断完善合作社的民主管理机制，进一步提升合作社的凝聚力，真正把推动农民组织化作为推动乡村振兴的重要抓手。

（三）加强不同农业经营主体之间的联合

推进不同农地经营主体之间的联合是优化农业资源配置、提升规模效益和增强市场竞争力的重要途径。通过多元模式创新推动农地经营主体合作抱团发展，可有效提升其在市场经济中的竞争力及农业现代化水平。通过订单农业、股份合作等方式构建"龙头企业＋合作社＋家庭农场"的农业产业链联盟，龙头企业凭借资本优势提供技术指导和市场引领，合作社组织生产，家庭农场负责种植。可以有效降低龙头企业介入充满乡土人情的农村社会的介入成本，提升合作社组织凝聚力，提振家庭农场经营主体的市场信息，使各经营主体在利益共享机制中能充分发挥各自优势互补的作用。积极倡导单一合作社通过横向或纵向联合形成联合社，可以有效整合土地、技术、品牌等资源，降低生产成本，提高市场议价能力。设立农业联合发展基金，引导经营主体联合购买社会化服务，支持基础设施建设和数字化转型。组织联合主体参与农业技术培训，推广智慧农业、生态种植等新模式。推动联合体与电商、超市对接，拓宽稳定销路，降低单个主体投入成本，降低市场风险。通过土地股份合作制形式，农户以土地经营权入股，成立土地股份合作社，统一经营、按股分红。通过"承包权不变、经营权连片"经营模式试点改革，推动集中经营解决土地细碎化问题。通过示范项目带动，增强小农户对联合经营的信心，实现种养大户向家庭农场的成功转型。区域性农业服务联盟是整合区域农业资源、打破行政区划限制、提升服务效率、推动农业现代化的重要途径。可以由地方政府相关农业部门提供政策支持、龙头企业提供资金技术依托、合作社和家庭农场提供基本供给、农业院校和科研机构提供研发支撑，进一步协同相关物流公司、电商平台对接超市等，增强区域农产品市场竞争力。借助地理区域位置优势，有效调度农产服务，可逐步发展成为区域农业发展的核心枢纽，实现区域资源的有效配置和高效利用。

五、充分发挥政府在农业农村现代化中的主导作用

从国际经验来看，大多数发达国家均通过高额农业补贴、关税保护以及农业技术推广等政府干预手段推进农业农村现代化。发展中国家如拉美国家曾因过度市场化而导致土地兼并、农民破产引发社会动荡，非洲部分国家因忽视政府主导的农业投入，很长时期陷入粮食安全危机。当前，我国农业农村所面临的发展困境已经成为中国式现代化发展最大的短板，在农地集体产权制度下，农业的基础性地位、农村发展的特殊性以及农民群体的弱势性，需要充分发挥政府在农业农村现代化发展中的主导作用。政府主导农业农村现代化发展是保障国家战略安全、弥补市场缺陷、促进经济社会公平的必然选择。

（一）为农业农村现代化提供长远规划、制度和法律服务

农业农村现代化长远规划作为国家发展战略的重要组成部分，备受中国政府高度重视，围绕主要目标系列推出《乡村振兴战略规划（2018—2022）》《"十四五"推进农业农村现代化规划》《乡村

全面振兴规划（2024—2027）》等。到 2025 年，农业农村现代化取得重要进展到；到 2027 年，乡村全面振兴取得实质性进展，农业农村现代化迈上新台阶。到 2035 年，基本实现农业农村现代化；到 2050 年，全面实现农业强、农村美、农民富。从区域布局来看，东部沿海地区要率先基本实现农业农村现代化；中部地区要加快推进农业现代化；西部地区要在巩固脱贫攻坚成果基础上稳步推进现代化。农村土地"三权分置"，坚持农村土地集体所有制，这是中国农村基本经济制度的基础。第二轮土地承包到期后再延长 30 年，保障了农户承包权的稳定；进一步放活土地经营权，允许流转、出租、入股，促进土地流转和规模化经营。通过推进农村集体资产清产核资，量化股权到户等方式，深化农村集体产权制度改革。允许农村集体经营性建设用地直接入市交易，与国有土地同权同价。通过试点宅基地有偿退出、使用权流转，进一步盘活农村闲置资产。《中华人民共和国农业法》确立了农业的基础地位，涵盖农业生产、经营、资源保护等。《乡村振兴促进法》明确产业发展、生态保护、乡村治理等要求。《农村土地承包法》规定农村土地承包关系，确保农地承包户的权益。《土地管理法》进一步规范了土地用途管制以及耕地保护。《农村土地经营权流转管理办法》规范土地流转程序，明确确定农地流转过程的要件，防止侵害农民权益。《农产品质量安全法》规定了农产品质量标准和追溯制度。《土壤污染防治法》《水污染防治法》等为防治涉农资源污染、保护耕地质量建立了风险管控标准。为了解决农民工欠薪问题保护农民权益出台了《保障农民工工资支付条例》等。但是，由于农户知识水平有限，受教育程度较低，不懂法律、不会正确应用法律维护自身权益的现象在农村普遍存在，这就需要政府应积极主动加强法律宣传，推动法律下乡，强化农民的法律意识。设立农村法律援助站点等司法援助，降低了农户的维权成本。总之，中国政府需要进一步通过系统规划、制度改革、相关法律法规的完善和系列政策体系，打出"制度改革＋法律完善＋政策倾斜"组合拳，为农业农村现代化提供了坚实的制度和法律保障，展现了中国式现代化及特色社会主义制度的优越性。

（二）整合政府在"三农"中的职能，形成推动农业农村现代化的持续合力

有了长远的发展规划，制定了明确的目标后，最关键在于落实工作去实现目标，而政策的落实、工作的推进有赖于完善的组织机构的机制功能，否则最终只会流于各种形式。"三农"是党和政府工作的重中之重，重中之重不仅应体现在中央"三农"政策的出台和财政对"三农"的转移支付上，更应该直接体现在政策落实上。在政府专项资金和资源十分有限的情况下，要将这些有限的资源真正用于农业农村发展的短板薄弱处，好钢用在刀刃上，做到有的放矢。而不是集中用于打造几个没有推广价值不可复制的"示范村"、"示范社"，作为应对上级部门检查的"政绩示范"来标榜。相关职能部门功能弱化，缺乏高效的联合效应。因此，整合政府在"三农"中的职能，需要打破部门壁垒、强化协同联动、优化相关职能资源配置，形成政策合力。首先，通过机构整合与职能重构成立跨部门协调机构，设立高层次的"'三农'工作领导小组"，统筹农业农村部、自然资源部、发改委、财政部等多部门的涉农职能，明确职能定位形成资源聚合效应，以"乡村振兴战略"为总抓手，将农业现代化、农村宜居美丽、农民增收等目标纳入同一框架，减少执行成本，确保政策方向一致持续发力，避免政策碎片化。其次，强化县级政府统筹能力，加快推行"县乡一体化"改革，允许地方特别是基层政府在中央统筹下灵活调配涉农资金以提高配置和使用效率，减轻镇（乡）政府"权小责大"的现实压力。最后，建立由审计、纪检监察等部门联合督查机制，联合监督涉农资金使用和项目实施，避免涉农财政补贴有始无终、截留挪用甚至贪污腐败。

（三）培育和发展农地流转市场体系

农地流转是农业经营规模化、集约化和现代化的重要基础，农地流转体系决定着农地流转市场的规模及农地流转的频率。农地流转体系主要包括以下几种模式：向专业大户流转模式、向股份制企业流转模式、向合作组织流转模式、向龙头企业流转模式、土地合作社模式。农地流转的具体形式主要有：出租、转包、入股、转让和互换。农地流转市场体系的健康发展需要系统性改革，涉及产权、市场、社会保障、法律和金融等多维度协同。培育和发展农地流转市场体系是优化农业资源配置、促进规模经营和推动农业现代化的重要途径，但在实践中仍面临多重困境，主要体现在以下方面：产权制度的不完善导致承包权与经营权流转双方权责模糊。市场机制不健全，缺乏统一的农地流转信息平台，供需双方达成度低；农地流转价格缺乏科学评估标准；部分地区中介服务功能缺失导致农地流转交易成本高；部分农户因流转收益分配不合理、农民权益保障不足而担心失地风险宁愿撂荒也不愿流转。因此，需要不断完善农地产权基础，细化"三权分置"配套法律法规，加快农地确权颁证，建立全国统一的农地信息数据库，推动农地经营权抵押贷款试点。健全市场体系，建设公开透明的流转交易平台，引入第三方评估机构规范农地流转价格。不断完善和提升中介服务功能，简化农地流转程序。完善农村社保体系，建立农地流转风险基金，进一步强化农民权益保障。加大创新金融支持，开发土地经营权抵押贷款产品，扩大农业保险覆盖范围。充分发挥农户的主体性，鼓励其在实践中积极探索、推广一些新的实用型的农地流转模式或方式。总之，农地流转市场的健康发展需要全面系统性改革，不断完善"产权清晰、交易规范、服务完善、监管有效"的农地流转市场体系。

（四）对"三农"的政策补贴及其监管

中国政府高度重视"三农"问题，通过多种转移支付和财政补贴政策支持农业农村发展。农业生产补贴包括：对拥有耕地承包权的农户直接补贴，耕地地力保护补贴，实际种粮农民一次性补贴，农机购置补贴，稻谷和小麦补贴，东北三省和内蒙古还有玉米和大豆生产者补贴，农业保险保费补贴等。农村产业支持补贴：优势特色产业集群补贴，现代农业产业园补贴，农产品加工补贴，休闲农业补贴等。农村基础设施与公共服务投入包括：高标准农田建设补贴，农村公路建设补助，农村厕所革命补贴，危房改造补贴等。农民生活保障补贴：城乡居民基本养老保险，农村低保，医疗救助，教育补贴等。生态保护补贴：退耕还林还草补贴，草原生态保护补助，长江流域重点水域禁捕补偿等。扶贫与乡村振兴衔接补贴：产业扶贫补贴，就业扶贫补贴，乡村振兴重点县扶持等。其他专项补贴：秸秆综合利用补贴，畜禽粪污资源化利用补贴，新型职业农民培训补贴等。从国家对"三农"的补贴种类以及补贴力度来看，不是不足而是"富富有余"。问题主要出在政策宣传效果差，信息公开不透明，持续监管不到位。对国家政策的宣传过度依赖文件传达、会议召开等传统形式，宣传内容过于官方化和专业化，缺乏针对农民群体易于接受的、通俗化的方言解读。特别是国家对"三农"的补贴标准、申请流程以及补贴算法等核心内容宣传不透明，没有下沉到自然村农民群体，有些只滞留在乡镇一级。新媒体运用不足，未能充分利用微信、抖音、快手等农民耳熟能详的常用平台进行传播。反馈机制缺失，缺乏政策实施效果的跟踪评估。因此，需要根据不同群体的接受能力采用有针对性的宣传讲解方式，对不会运用智能化工具的重点人群要组织村干部上门讲解，针对青年群体最好通过微信群推送信息。设立政策信息村级服务站，及时委派当地专家用方言驻点讲解答疑。创设方便简单、便于农民使用的"一键式查询"App，开通农民补贴"一卡通"。完善并严格执行村级公示制度，要将补贴名单、金额在村委会公示 7 天以上，同时委托村委将其推送至相应的村级微信群。推广"互联网＋监管"系统实现全过程监管，运用遥感技术监测耕地补贴实际种植情况，将通过区块链等技术进一步升级监管体系。建立越级不定时随机检查机制，确保财政部、农业农村部等部门配套补贴资金精准流向。通过"全国农业信贷担保体系""一卡通"等平台直接发放补贴，减少逐级剥离中间环节，避免一些专职人员利用农民的"无知"套取、骗取涉农补贴，确保每一分钱的财务流水完整、有始有终，开展常态化涉农资金专项审计。委托包括高校、研究机构对"三农"项目实施效果进行第三方独立评估机构。实行终身追责制度，对重大资金违规问题实行责任倒查。建立和完善农地用途监管和质量评价体系，加强对流转后土地用途的监管，遏制非农化、非粮化倾向。对流转土地的质量要定期进行评估，避免农地经营主体随意破坏性使用而造成土地质量的下降，损害农民利益。通过制定相应的监管制度、建立相应的监管机构，加强对土地流转行为的监督，确保农地的流转不改变其集体所有的产权性质。政府要主动引导而不干预、服务而不包办、放活而不放任，努力做到不缺位、不越位、不错位。

六、积极鼓励和大力支持"三下乡"

农业农村现代化是建设农业强国的基本要求。"强国必先强农，农强方能国强。没有农业强国就没有整个现代化强国；没有农业农村现代化，社会主义现代化就是不全面的。"① "资本下乡、科技下乡、人才下乡"是推动乡村振兴战略、实现农业农村现代化的重要举措。通过系统性推进"三下乡"可实现从"输血"功能到"造血"功能的转变，健全城乡统一的生产要素市场，通过城乡资源互补，引导资本、技术、人才等资源向农业和农村流动，激活农村发展潜力，缩小城乡差距，最终实现共同富裕目标。

（一）资本下乡

"资本是社会主义市场经济的重要生产要素，在社会主义市场经济条件下规范和引导资本发展，既是一个重大经济问题，也是一个重大政治问题，既是一个重大实践问题，也是一个重大理论问题，关系坚持社会主义基本经济制度，关系改革开放基本国策，关系高质量发展和共同富裕，关系国家安全和社会稳定。"② 中国特色社会主义市场经济中必然包含着多种所有制结构的资本。"现阶段，我国存在国有资本、集体资本、民营资本、外国资本、混合资本等各种形态资本，并呈现出规模显著增加、主体更加多元、运行速度加快、国际资本大量进入等明显特征。"③

资本下乡融入乡村振兴战略是推动农业农村现代化发展的重要环节，可以有效破解乡村基础设施建设以及农业生产资金短缺难题，激发"三农"生产要素之间的融合效应。资本下乡可以通过多种形式参与到农业农村现代化进程：下乡资本参与到农业产业化投资，可以推动农业规模化、集约化生产。进入乡村旅游与休闲农业，可以开发生态旅游等项目，盘活农村自然和文化资源。农村电商与物流资本的结合，可以助力农产品线上销售、冷链物流建设，

---

① 习近平．加快建设农业强国 推进农业农村现代化［J］．奋斗，2023（3）：6.
②③ 习近平．依法规范和引导我国资本健康发展发挥资本作为重要生产要素的积极作用［J］．支部建设，2022（14）：4.

解决"最后一公里"问题。通过投资光伏、风电、生物质能等绿色项目，可以有效推动农村能源转型。通过流转农民土地经营权，集中开发高附加值农业或非农项目等。从而进一步促进农村经济活力，拓宽农民收入来源，推动一二三产业融合，优化农业产业结构，减少传统农业对自然资源的过度依赖，改善基础设施等。但同时，资本下乡可能会带来潜在风险与挑战，主要表现在：土地流转中可能出现强制征收，导致农民失地使农民权益受损。资本短期逐利行为，可能引发部分项目过度商业化，过度开发导致农田污染破坏生态或文化资源。盲目跟风投资导致产业同质化，缺乏可持续性。

因此，要在提供税收、用地等优惠条件下积极鼓励社会资本参与到乡村振兴战略的实施进程中来，同时要严格监管约束，对不同所有制结构资本进行分类指导，严格保护耕地红线，禁止"非农化"。对涉农项目中周期长、经营风险高、关乎国计民生的战略工程，单纯依赖私人资本难以实现，需要依靠公有资本投入。在国家政策的调控和公有资本的引领下，积极引导私人资本等其他社会资本参与到多元立体的现代农业社会生产体系，引导私人资本进入经济作物生产领域、生产资料生产加工销售以及农业社会化服务等领域。通过资本下乡可以逐步引导农民摆脱传统生产、经营方式融入现代农业社会化生产方式中，带领农户向立体式、复合型现代农业经营体系转型。大国小农基本国情下，需要充分发挥多种所有制结构资本特点，共同推动中国式农业农村现代化发展。

（二）科技下乡

"建设农业强国，利器在科技，关键靠改革。"[①] 科技进步是突破资源和市场对我国农业双重制约的根本出路。科技下乡不仅是技

---

① 习近平. 加快建设农业强国 推进农业农村现代化 [J]. 奋斗，2023（3）：14.

术转移，更是系统性变革。必须着眼增强我国农业科技自主创新能力，加快农业科技成果转化应用，提高科技对农业增长的贡献率。当前科技下乡的困境主要表现在：农村地区网络、数字化设备普及率低，交通等基础设施薄弱，制约科技设备的应用和推广。农村青壮年劳动力外流，农村劳动力严重老龄化，文化水平较低，农民科技素养有限，对新技术接受能力弱。部分科研成果脱离农村实际，技术供给与农业实际需求相脱节使得落地或操作成本过高。产学研对接不畅，科技成果转化率低，科技服务不足。科技下乡项目过度依赖政府补贴，缺乏可持续性。

因此，需要不断推动科技创新，用科技引领中国式农业发展。加快农村电网、公路、5G网络、物联网、冷链物流等基础设施建设，改善农业科研机构设施条件和装备水平。整合涉农信息资源，加强信息服务平台建设，推动农业信息数据收集整理示范化、标准化，用信息技术装备农业。加快建设标准统一、实用性强的公用农业数据库，深入实施四级农业信息网络互联中心。鼓励有条件的地方在农业生产中积极采用全球卫星定位系统、地理信息系统、遥感和管理信息系统等技术。

加强农业科技创新体系建设。大幅度增加农业科研投入，启动农业行业科研专项，支持农业科技项目。加强国家基地、区域性农业科研中心创新能力建设。着力扶持对现代农业建设有重要支撑作用的技术研发。深化农业科研院所改革，开展稳定支持农业科研院所的试点工作。国家的公益性农技推广机构应主要承担关键技术的研发、试验、示范，农作物病虫害、动物疫病及农业灾害的监测、预报、防治和处置，农产品生产过程中的质量安全检测、监测和强制性检验，农业资源、农业生态环境和农业投入品使用监测，水资源管理和防汛抗旱，农业公共信息和培训教育服务等职能。一般性技术研发和经营性服务应按照市场化方式运作。通过相关优惠政策引导涉农企业开展技术创新活动，企业与科研单位进行农业技术合作。积极培育农民专业技术协会和农业科技型企业，着力培育科技大户，发挥对农民的示范带动作用。

深化农业技术推广体系改革。推进农科教结合，发挥农业院校在农业技术推广中的积极作用。积极探索农业科技成果进村入户的有效机制和办法，通过系统的科学技术积累，将其推广应用于良种的选育、生物资源的综合利用、病虫的防治等。通过技术承包制，建立技术服务公司、生产科技联合体、科技普及协会等，普及农业科技知识，推广科技成果，为农业农民提供科技服务。推广单位、大专院校及涉农企业，可以接受农村委托的研究项目，转让科研成果，提供技术咨询服务，组成"科研－生产联合体"机制共担风险，共享利益。

结合当地产业需求有选择性地推广实用性技术。积极开发运用各种节约型农业技术，提高农业资源和投入品使用效率。大力普及节水灌溉技术，启动旱作节水农业示范工程。扩大测土配方的实施范围和补贴规模，进一步推广诊断施肥、精准施肥等先进施肥技术。推广良种培育、智能农机、精准灌溉、无人机植保、沼气利用、生态农业、光伏发电等，改革农业耕作制度和种植方式，加快普及农作物精量半精量播种技术。推广"互联网＋农技服务"，利用短视频、直播等平台创新服务模式。

总之，要在农村生产和建设的各个方面吸收现代技术和先进管理方法，把从事农业科研、技术推广、教育培训等各方面的力量组织起来，形成分工合理、协调一致的工作体系，为农业农村现代化提供高质量的科技服务。

（三）人才下乡

实现农业农村现代化、实施乡村振兴战略，必须破解人才瓶颈的制约。实现农业现代化，最终都要落实在人才上：一要靠懂农业、爱农民、守农村的"三农"科技人员；二要靠有文化、懂技术、会经营的新型职业农民。解决这一问题需要政府、社会、农村等多方协作。通过政策保障、环境优化、职业发展支持，构建"引得来、留得住、用得好"的长效机制，才能推动乡村振兴战略实施，实现农业农村现代化。当前人才下乡面临的主要困境是城乡二元结构、相关配套政策短板以及社会观念等多种因素作用的结果。具体来看：农村交通、医疗、教育、保障的基础设施普遍落后于城市，物质生活条件较差，精神生活相对不足。缺乏持续性政策支持，配套机制不完善，激励机制不健全，导致人才下乡后的薪资待遇、职称晋升、职业发展机会和成长空间有限，这种现实中的二元城乡发展差距，导致人才返乡吸引力不足。

加强政策支持与保障。国家重大人才工程要向农业领域倾斜，继续实施创新人才推进计划和农业科研杰出人才培养计划，加快培养农业科技领军人才和创新团队。提高下乡人才待遇，提供住房补贴、交通补助、医疗保险等福利。改善农村基础设施与公共服务，加快农村道路、网络、医疗、教育等设施建设，提升生活质量。发展农村数字经济，为下乡人才提供现代化工作环境，完善下乡人才子女教育安排，解决下乡人才后顾之忧。

进一步完善农业科研人才创新长效激励机制、自主流动机制。晋升、职称评定政策优先向农技人员倾斜，完善基层农技推广人员职称评定标准，注重工作业绩和推广实效。推广短期服务和远程指导相结合的"柔性"机制降低长期下乡的阻力。完善科研院所、高校科研人员与企业人才流动和兼职制度，推进科研成果使用、处置、收益管理和科技人员股权激励改革试点，激发科技人员创新创业的积极性。实施农业科研杰出人才培养计划，深入推进科研成果权益改革试点，发展面向市场的新型农业技术研发、成果转化和产业孵化机构。建立健全农业科研成果产权制度，赋予科研人员科技成果所有权，完善人才评价和流动保障机制，落实兼职兼薪、成果权益分配政策。允许农业技术人员同经济组织签订承包合同，在增产部分中按一定比例分红；鼓励各类科学技术人员，可以利用业余时间为农村提供服务，按合同取得报酬。

建立城乡、区域、校地之间人才培养合作与交流机制，创新农技人才培育使用模式。高校涉农专业设置与"三农"学生的培养是推动农业现代化、乡村振兴的重要环节。改革招生制度，实施定向招生、定向培养、定向就业"三定向"一揽子招生计划，探索对急需紧缺涉农专业实行"提前批次"录取并设立"三农专项"录取通道。实行"校内导师＋三农实训基地导师"双导师制培养模式，增加面向"三农"的实习周期。优化涉农学科专业设置，升级传统农科专业。增加智慧农业、农业无人机应用、垂直农业系统设计、农业碳汇评估等新型农业专业。加强涉农学生的乡土情怀培育，形成"专业技术＋三农情怀"的双轮驱动培养格局，培养更多知农、爱农、扎根乡村的人才，做到人才供需精准匹配。国家励志奖学金和助学金对在高等学校农林水类专业就读的学生给予倾斜，落实中等职业教育助学金政策，对农林水类专业学生给予倾斜。设立现代农业农村创业基金，积极鼓励大学生、退役军人、企业家等回乡创业，开展特色农业、乡村旅游等项目。鼓励高校、科研机构、企业与农村结对帮扶，形成"团队下乡"创业模式，支持工商企业、大专院校和中等职业学校毕业生创办现代农业企业。

大力培育新型职业农民。农村有着大量的能工巧匠、生产能手、知识青年和复员退伍军人，要挖掘、发挥他们的潜在能力和特长，支持他们建立技术服务组织，经过考核鉴定可授予技术职称。充分利用各类培训资源，广泛开展基层农技推广人员分层分类定期培训和技能培训，加大专业大户、家庭农场经营者培训力度，提高他们的生产技能和经营管理水平。大力培养农村实用人才，重点培训种养业能手、科技带头人。通过各类政策支持，鼓励外出务工农民带技术、带资金回乡创业，成为建设现代农业的带头人。注重从现有农村干部中选拔有一定实践经验和科学知识的干部，逐步建立一支与农业现代化相适应的干部队伍，大胆提拔优秀人才充实基层领导。

参考文献

［1］邓小平文选（第二卷）［M］.北京：人民出版社，1998.

［2］邓小平文选（第三卷）［M］.北京：人民出版社，1993.

［3］韩立达，李勇，韩冬.农村土地制度改革研究［M］.北京：中国经济出版社，2011.

［4］洪名勇.马克思土地产权制度理论研究［M］.北京：人民出版社，2011.

［5］黄韬.中国农地集体产权制度研究［M］.成都：西南财经大学出版社，2010.

［6］蒋永甫.让农地流转起来——集体产权视角下的农地流转机制主体创新研究［M］.北京：人民出版社，2017.

［7］罗荣渠.现代化新论——世界与中国的现代化进程（增订本）［M］.北京：商务印书馆，2022.

［8］马克思.资本论（纪念版第三卷）［M］.北京：人民出版社，2018.

［9］马克思恩格斯文集（第1卷）［M］.北京：人民出版社，2009.

［10］马克思恩格斯文集（第2卷）［M］.北京：人民出版社，2009.

［11］马克思恩格斯文集（第5卷）［M］.北京：人民出版社，2009.

［12］马克思恩格斯文集（第7卷）［M］.北京：人民出版社，

2009.

[13] 马克思恩格斯文集（第 10 卷）[M]. 北京：人民出版社，2009.

[14] 马克思恩格斯全集（第 18 卷）[M]. 北京：人民出版社，1979.

[15] 马克思恩格斯全集（第 46 卷）[M]. 北京：人民出版社，1979.

[16] 马克思和恩格斯. 德意志意识形态（节选本）[M]. 北京：人民出版社，2018.

[17] 马克思恩格斯选集（第 1 卷）[M]. 北京：人民出版社，1972.

[18] 马克思恩格斯选集（第 2 卷）[M]. 北京：人民出版社，1995.

[19] 毛泽东选集（第 2 卷）[M]. 北京：人民出版社，1991.

[20] 毛泽东选集（第 3 卷）[M]. 北京：人民出版社，1991.

[21] 毛泽东年谱（1949—1976）（第一卷）[M]. 北京：中央文献出版社，2013.

[22] ［美］亨利·基辛格. 论中国 [M]. 北京：中信出版社，2015.

[23] 钱忠好. 中国农村土地制度变迁和创新研究 [M]. 北京：中国农业出版社，2010.

[24] 塞缪尔·P. 亨廷顿. 变化社会中的政治秩序 [M]. 王冠华，等译. 上海：上海人民出版社，2021.

[25] 万举. 转型中的土地产权冲突与融合 [M]. 北京：经济科学出版社，2010.

[26] 王忠林. 中国农村集体土地流转制度研究 [M]. 青岛：中国海洋大学出版社，2011.

［27］习近平. 习近平谈治国理政（第二卷）［M］. 北京：外文出版社，2017.

［28］习近平. 习近平谈治国理政（第三卷）［M］. 北京：外文出版社，2020.

［29］习近平. 习近平谈治国理政（第四卷）［M］. 北京：外文出版社，2022.

［30］习近平. 论坚持全面深化改革［M］. 北京：中央文献出版社，2018.

［31］习近平. 高举中国特色社会主义伟大旗帜为全面建设社会主义现代化国家而团结奋斗［M］. 北京：人民出版社，2022.

［32］习近平新时代中国特色社会主义思想专题摘编［M］. 北京：党建读物出版社、中央文献出版社，2023.

［33］习近平关于严明党的纪律和规矩论述摘编［M］. 北京：中国方正出版社、中央文献出版社，2016.

［34］周恩来经济文选［M］. 北京：中央文献出版社，1993.

［35］中共中央文献研究室. 习近平关于全面深化改革论述摘编［M］. 北京：中央文献出版社，2014.

［36］中共中央文献研究室. 习近平关于社会主义经济建设论述摘编［M］. 北京：中央文献出版社，2017.

［37］中共中央党史文献研究室. 习近平新时代中国特色社会主义思想专题摘编［M］. 北京：党建出版社、中央文献出版社，2023.

［38］中共中央关于党的百年奋斗重大成就和历史经验的决议［M］. 北京：人民出版社，2021.

［39］中共中央关于进一步全面深化改革推进中国式现代化的决定［M］. 北京：人民出版社，2024.

［40］中共中央文件选集［M］. 北京：中共中央党校出版社，

1991.

[41] 保建云. 论明治维新对日本国家治理现代化的影响及启示 [J]. 教学与研究, 2016 (3).

[42] 包心鉴. 中国式现代化: 历史逻辑、理论逻辑、实践逻辑 [J]. 山东行政学院学报, 2022 (12).

[43] 蔡昉. 以新发展理念促进区域协调发展 [J]. 经济研究, 2022 (11).

[44] 陈保林. 中国式农业农村现代化: 内涵、目标要求和实践路径 [J]. 江西社会科学, 2024 (12).

[45] 陈享光, 张志强. 农业生产条件建设、资本下乡与农业生产方式现代化变革 [J]. 当代经济研究, 2024 (6).

[46] 陈曙光. 现代化叙事的中国逻辑与范式重构 [J]. 政治学研究, 2023 (4).

[47] 陈锡喜. 论中国式现代化的理论建构及对人类文明的贡献 [J]. 贵州省党校学报, 2023 (1).

[48] 陈雪莲, 吕杰. 全过程人民民主与中国式现代化发展道路 [J]. 教学与研究, 2023 (3).

[49] 陈新田. 论德国农业现代化的经验及其启示 [J]. 江汉大学学报 (社会科学版), 2005 (6).

[50] 程久苗. 农地流转中村集体的角色定位与 "三权" 权能完善 [J]. 农业经济问题, 2020 (4).

[51] 代贵金, 王彦荣, 官殿凯. 日本农业现代化及其对中国的启示 [J]. 中国农学通报, 2019 (3).

[52] 戴木才. 论世界现代化运动的复杂性 [J]. 马克思主义研究, 2024 (7).

[53] 杜朝晖. 法国农业现代化的经验与启示 [J]. 宏观经济管理, 2006 (5).

[54] 多吉班丹. 中国式现代化的理论依据 [J]. 西藏发展论坛，2022（6）.

[55] 丁志刚，李文彤. 以人民为中心：中国式现代化的根本逻辑 [J]. 学习与探索，2024（5）.

[56] 樊胜根，龙文进，孟婷. 加快形成农业新质生产力引领农业强国建设 [J]. 中国农业大学学报（社会科学版），2024（11）.

[57] 冯颜利. 中国式现代化理论的哲学根基 [J]. 马克思主义研究，2024（11）.

[58] 付成双，赵陆. 美国的农业现代化与家庭农场梦想的破灭 [J]. 历史教学，2021（12）.

[59] 高帆，张天帷，吴盼伶. 中国"并联式"现代化的判定、成因和意义 [J]. 社会科学，2023（10）.

[60] 高炳亮. 在推进中国式现代化进程中不断增强社会主义意识形态凝聚力引领力 [J]. 马克思主义研究，2024（1）.

[61] 韩保江，李志斌. 中国式现代化：特征、挑战与路径 [J]. 管理世界，2022（11）.

[62] 韩庆祥. 中国式现代化的理论体系和话语体系——兼论中国式现代化是如何成功创造和建构起来的 [J]. 哲学研究，2023（8）.

[63] 韩振峰，李卿. 以中国式现代化推进共同富裕的逻辑与路径 [J]. 东岳论丛，2024（5）.

[64] 洪晓楠. 中国式现代化理论的系统阐释 [J]. 世界社会主义研究，2022（11）.

[65] 洪向华，李梦珂. 中国式现代化的历史演进、鲜明特质与实践遵循 [J]. 治理现代化研究，2023（1）.

[66] 洪闫华，何洪涛. 英国农业现代化进程中土地流转的公共决策 [J]. 社会科学家，2012（4）.

［67］洪银兴．论中国式现代化的经济学维度［J］．管理世界，2022（4）．

［68］洪银兴，杨玉珍．现代化新征程中农业发展范式的创新——兼论中国发展经济学的创新研究［J］．管理世界，2023（5）．

［69］何爱爱，彭斯．中国式现代化进程中共同富裕的理论蕴涵与实践路径［J］．长沙理工大学学报（社会科学版），2024（5）．

［70］贺新元．邓小平开辟了以中国式的现代化推进中华民族伟大复兴的战略新路［J］．马克思主义研究，2024（8）．

［71］胡卫华．美国城镇化与农业现代化协调发展经验借鉴［J］．世界农业，2015（2）．

［72］黄宝成．中国式现代化道路行稳致远的内在逻辑［J］经济问题，2023（2）．

［73］黄建军．论中国式现代化理论体系的内在逻辑［J］．马克思主义研究，2024（1）．

［74］黄民兴，马超．论中国式现代化的世界历史意义［J］．西北大学学报（哲学社会科学版），2023（1）．

［75］黄善林，金芷旭．农地转入对农户黑土地保护性耕作行为的影响研究——基于农地细碎化的中介效应［J］．农业现代化研究，2024（11）．

［76］焦连志，戚卫红．比较现代化视野下中国式现代化对西方式现代化的全面超越［J］．常熟理工学院学报（哲学社会科学），2024（3）．

［77］蒋永穆，孙小崙，乔张媛．中国式现代化视域下发展新质生产力的重大意义、基本框架与实现路径［J］．管理学刊，2024（6）．

［78］金广焕．大力培育新型农业经营主体，推动农业经济发展［J］．新农民，2024（12）．

[79] 孔明安. 论中国式现代化视阈下的共同富裕对西方福利国家模式的超越 [J]. 马克思主义研究, 2024 (6).

[80] 马慎萧, 区铭彦, 赵芜源. 中国式现代化的理论内涵与实践路径研究 [J]. 政治经济学评论, 2024 (3).

[81] 梁晨. 乡村振兴背景下农村公共服务体系建设与地方政府职能转变 [J]. 北京工业大学学报 (社会科学版), 2024 (4).

[82] 梁玉水. 中国式现代化道路与审美现代性新形态建构 [J]. 浙江社会科学, 2023 (1).

[83] 梁悦. 资本下乡推动古浪县土门镇农村土地经营模式转型现状与效益探析 [J]. 南方农业, 2024 (8).

[84] 卢春龙. 谁之现代化? 何种现代路——兼论中国式现代化特征 [J]. 理论学刊, 2023 (1).

[85] 罗建文, 吴小军. 下乡资本赋能中国农业经济高质量发展的机理与路径 [J]. 深圳大学学报 (人文社会科学版), 2024 (7).

[86] 李金鸽. 共同富裕视域下的农业农村现代化建设的路径选择 [J]. 黑龙江粮食, 2024 (12).

[87] 李培林. 村振兴与中国式现代化: 内生动力和路径选择 [J]. 社会学研究, 2023 (6).

[88] 李松龄. 中国式现代化的本质要求内在逻辑与制度保障 [J]. 经济问题, 2023 (2).

[89] 李毅. 中国式现代化的理论意蕴和实践进路研究 [J]. 政治学研究, 2024 (3).

[90] 栗晓宏, 张健, 纪长伟. 中国式现代化视阈下绿色发展促进共同富裕的突破路径 [J]. 中共南京市委党校学报, 2024 (3).

[91] 刘儒, 陈舒霄. 中国式现代化: 马克思主义现代化理论的新飞跃 [J]. 西安交通大学学报 (社会科学版), 2022 (10).

[92] 刘睿. 中国式现代化物质文明与精神文明协调发展的逻辑前提、现实关切和实践旨归 [J]. 马克思主义研究，2024 (2).

[93] 刘守英. 中国式现代化的独特路径 [J]. 经济学动态，2021 (7).

[94] 刘伟. 中国式现代化是现代化普遍性和特殊性的有机统一 [J]. 经济研究，2022 (12).

[95] 刘有升. 以中国智慧和中国方案为人类文明进步注入磅礴伟力——"人类文明新形态的创新性价值与世界社会主义国际学术会议"综述 [J]. 马克思主义研究，2023 (12).

[96] 刘志华. 西方发达国家农业农村现代化特点探析——以英美、法德和日本为例 [J]. 山东农业工程学院学报，2021 (5).

[97] 吕培亮. 新质生产力赋能中国式农业农村现代化：理论逻辑、关键问题与实践路径 [J]. 西北工业大学学报（社会科学版），2024 (12).

[98] 林秀玉. 现代化和英国农业制度性及结构性的变革 [J]. 上海交通大学学报（农业科学版），2002 (12).

[99] 林毅夫. 中国式现代化的经济学逻辑与世界意义 [J]. 科学社会主义，2023 (1).

[100] 宁吉喆. 中国式现代化的方向路径和重点任务 [J]. 管理世界，2023 (3).

[101] 逄锦聚，龙禹玺. 论中国式现代化道路 [J]. 论中国式现代化道路，2023 (6).

[102] 裴长洪，倪江飞. 中国式现代化理论是马克思主义的创新发展——党的二十大精神学习中的思考 [J]. 经济研究，2023 (2).

[103] 彭玮，罗颖. 农业农村现代化的生成逻辑、科学内涵、问题挑战及实现路径 [J]. 江汉论坛，2024 (12).

［104］齐恩平．我国农村土地政策的历史演进与比较分析［J］．天津师范大学学报，2014（1）．

［105］亓光，刘娇．中国式现代化进程中共同富裕的社会公正建构［J］．南京社会科学，2024（5）．

［106］乔贵平，王洪超．中国共产党对现代化话语体系建构的多维探析［J］．政治学研究，2024（5）．

［107］邱耕田．论中国式现代化话语体系及其构建——基于发展哲学的视角［J］．哲学研究，2024（11）．

［108］覃朝晖，范振楠，余思明．数字经济与农业农村现代化［J］．中南财经政法大学学报，2024（4）．

［109］任保平．生产力现代化转型形成新质生产力的逻辑［J］．经济研究，2024（3）．

［110］孙代尧．中国式现代化的文明哲学与叙事创新［J］．哲学研究，2024（8）．

［111］孙来斌．中华优秀传统文化与中国特色社会主义［J］．马克思主义研究，2023（8）．

［112］唐未兵．中国式现代化的内在逻辑、先进本质和中国特性——兼论对世界社会主义发展的启示［J］．马克思主义研究，2024（9）．

［113］田旭明．党的领导何以成为中国式现代化的最大优势［J］．马克思主义研究，2024（7）．

［114］王华岗，刘红涛．加快培育壮大新型农业经营主体［N］．河南日报，2023－02－27（8）．

［115］王建国，唐辉．中国式现代化对资本主义现代化的超越及其人类解放意蕴［J］．思想战线，2024（4）．

［116］王静．中国式现代化的总体性及其超越意义［J］．马克思主义研究，2024（1）．

[117] 王克冬，曾维忠，武佩佩．以新质生产力引领农业现代化——内在逻辑、机遇挑战与实现路径 [J]．四川农业大学学报，2024（12）．

[118] 王岩．中国式现代化生态正义的实践辩证法 [J]．马克思主义研究，2024（4）．

[119] 王永贵．现代化之问的中国叙事逻辑和世界历史意义 [J]．马克思主义研究，2024（12）．

[120] 魏志奇．中国式现代化提升意识形态话语权研究 [J]．马克思主义研究，2024（9）．

[121] 吴大兵，吴昌红．中国式现代化共同富裕的内涵及其实践路径 [J]．重庆三峡学院学报，2023（1）．

[122] 吴忠民．论中华优秀传统文化对中国式现代化的重要影响 [J]．马克思主义研究，2024（2）．

[123] 习近平．在庆祝中国共产党成立100周年大会上的讲话 [N]．人民日报，2021 - 07 - 02.

[124] 习近平．携手同行现代化之路 [N]．人民日报，2023 - 03 - 16.

[125] 肖贵清．构建推进中国式现代化的制度体系 [J]．马克思主义研究，2024（11）．

[126] 肖沅让．发展特色农业，推动农村现代化建设 [J]．南方农机，2024（12）．

[127] 熊磊，章琦．新型农业经营主体与小农户协同发展的理论机理与实践进路 [J]．海南大学学报，2024（6）．

[128] 谢富胜，江楠．马克思的现代化思想与中国式现代化 [J]．教学与研究，2024（5）．

[129] 解佳钰．中国式现代化新道路的实践路径研究 [J]．西部学刊，2022（10）．

［130］徐龙顺，宋娜娜．新质生产力、数字乡村发展与中国式农业农村现代化［J］．甘肃行政学院学报，2024（12）．

［131］徐勇．中国式基层治理现代化的方位与路向［J］．政治学研究，2023（1）．

［132］邢来顺．与时俱进、稳中求进：德国现代化的历史逻辑［J］．上海师范大学学报（哲学社会科学版），2022（5）．

［133］严庆．中国式现代化对"共同体团结悖论"的破解［J］．西北民族研究，2022（6）．

［134］严挺．中国式现代化中的传统文化要素辨析［J］．理论学刊，2023（1）．

［135］严文波．中国式现代化理论对深化人类社会发展规律认识的创新贡献［J］．马克思主义研究，2024（8）．

［136］阳梦华．中国式现代化视域下推动共同富裕的路径探究［J］．新西部，2024（4）．

［137］于法稳，林珊．中国式现代化视角下的新型生态农业：内涵特征、体系阐释及实践向度［J］．生态经济，2023（1）．

［138］臧峰宇．中国式现代化的文明底蕴及其世界历史意义［J］．哲学研究，2023（1）．

［139］张国献．习近平人类文明新形态观的逻辑意蕴［J］．马克思主义研究，2023（12）．

［140］张赛玉，薛亚硕，张琦．共同富裕视阈下推进中国式农业农村现代化的路径［J］．重庆交通大学学报（社会科学版），2024（6）．

［141］张亚光，毕悦．中国式现代化的百年探索与实践经验［J］．管理世界，2023（1）．

［142］张艳艳．中国式现代化实现共同富裕的历史必然性论析［J］．江苏海洋大学学报（人文社会科学版），2024（5）．

［143］张勇，包婷婷．农地流转中的农户土地权益保障：现实困境与路径选择——基于"三权分置"视角［J］．经济学家，2020（8）．

［144］张智．中国式现代化进程中的精神独立性问题［J］．马克思主义研究，2024（10）．

［145］章琪，魏荣．中国式现代化新道路的内涵、表征及价值［J］．湖北经济学院学报（人文社会科学版），2023（2）．

［146］钟飞腾．中国式现代化与中美竞争［J］．东南亚研究，2022（6）．

［147］周密，付应铎，王威华．共同富裕视角下中国式现代化的评价指标体系研究［J］．首都经济贸易大学学报，2024（3）．

［148］郑品芳，李佑新．中国共产党百年农村土地政策制度改革研究［J］．湖南大学学报（社会科学版），2021（3）．